O QUE É REVOLUÇÃO

Florestan Fernandes

O QUE É REVOLUÇÃO

1ª edição
EXPRESSÃO POPULAR
São Paulo – 2018

Copyright © 2018 by Editora Expressão Popular

Revisão: *Geraldo Martins de Azevedo Filho*
Projeto gráfico, diagramação e capa: *ZAP Design*
Impressão e acabamento: *Paym*

Dados Internacionais de Catalogação-na-Publicação (CIP)

F363q   Fernandes, Florestan, 1920-1995
        O que é revolução. / Florestan Fernandes.—1.ed.—
        São Paulo : Expressão Popular, 2018.
        130 p.

        Indexado em GeoDados - http://www.geodados.uem.br.
        ISBN 978-85-7743-336-0

        1. Revoluções - Brasil 2. I. Título.

CDD 323.27

Catalogação na Publicação: Eliane M. S. Jovanovich CRB 9/1250

Todos os direitos reservados.
Nenhuma parte deste livro pode ser utilizada
ou reproduzida sem a autorização da editora.

1ª edição: agosto de 2018
3ª reimpressão: março de 2022

EDITORA EXPRESSÃO POPULAR
Rua Abolição, 197 – Bela Vista
CEP 01319-010 – São Paulo – SP
Tel: (11) 3112-0941 / 3105-9500
livraria@expressaopopular.com.br
www.expressaopopular.com.br
 ed.expressaopopular
 editoraexpressaopopular

SUMÁRIO

Nota editorial 7

1. O que se deve entender por revolução? 9

2. "Quem faz" a revolução? 21

3. É possível "impedir" ou "atrasar" a revolução? 41

4. Como "fortalecer a revolução"
e "levá-la até o fim"? 57

5. Revolução nacional ou revolução proletária? 77

6. Como "lutar pela revolução
proletária" no Brasil? 97

Indicações para leitura 125

NOTA EDITORIAL

Gostaríamos de agradecer aos familiares de Florestan Fernandes – na pessoa de Florestan Fernandes Jr. – que, solidária e gentilmente, nos autorizaram a reedição deste livro. Agradecemos também a Heloisa Fernandes e a Vladimir Sacchetta, pelo apoio de sempre.

Este texto, cuja edição original é de 1981, compunha o livro *Clássicos sobre a revolução brasileira*, da Expressão Popular. Considerando sua relevância e atualidade política, optamos por publicá-lo autonomamente neste volume. Procuramos, com isso, manter o pensamento do socialista revolucionário Florestan Fernandes vivo entre ativo entre nós.

Os editores

O QUE É REVOLUÇÃO

Florestan Fernandes (1981)

1. O que se deve entender por revolução?

A palavra revolução tem sido empregada de modo a provocar confusões. Por exemplo, quando se fala de "revolução institucional", com referência ao golpe de Estado de 1964. É patente que aí se pretendia acobertar o que ocorreu de fato, o uso da violência militar para impedir a continuidade da revolução democrática (a palavra correta seria contrarrevolução: mas quais são os contrarrevolucionários que gostam de se ver na própria pele?). Além disso, a palavra "revolução" encontra empregos correntes para designar alterações contínuas ou súbitas que ocorrem na natureza ou na cultura (coisas que devemos deixar de lado e que os dicionários registram satisfatoriamente). No essencial, porém, há pouca confusão quanto ao seu significado central: mesmo na linguagem de senso comum, sabe-se que a palavra se aplica para designar mudanças drásticas e violentas da estrutura da sociedade. Daí o contraste frequente de "mudança gradual" e "mudança revolucionária" que sublinha o teor da revolução como uma mudança que "mexe nas estruturas", que subverte a ordem social imperante na sociedade.

O debate terminológico não nos interessa por si mesmo. É que o uso das palavras traduz relações de dominação. Se um golpe de Estado é descrito como "revolução", isso não acontece por acaso. Em primeiro lugar, há uma intenção: a de simular que a revolução democrática não teria sido interrompida. Portanto, os agentes do golpe de Estado estariam servindo à Nação como um todo (e não privando a Nação de uma ordem política legítima com fins estritamente egoístas e antinacionais). Em segundo lugar, há uma intimidação: uma revolução dita as suas leis, os seus limites e o que ela extingue ou não tolera (em suma, golpe de Estado criou uma ordem ilegítima que se inculcava *redentora;* mas, na realidade, o "império da lei" abolia o direito e implantava a "força das baionetas": não há mais aparências de anarquia, porque a própria sociedade deixava de secretar suas energias democráticas). No conjunto, o golpe de Estado extraía a sua vitalidade e a sua autojustificação de argumentos que nada tinham a ver com "o consentimento" ou com "as necessidades" da Nação como um todo. Ele se voltava contra ela *porque* uma parte precisava anular e submeter a outra à sua vontade e discrição pela força bruta (ainda que mediada por certas instituições). Nessa conjuntura, confundir os espíritos quanto ao significado de determinadas palavras-chave vinha a ser fundamental. É por aí que começa a inversão das relações *normais* de dominação. Fica mais difícil para o dominado entender o que está acontecendo e mais fácil defender os abusos e as violações cometidas pelos donos do poder.

O marco de 1964 (completado pelo apogeu a que chegou o golpe em 1968-1969) ilustra muito bem a natureza da batalha que as classes trabalhadoras precisam travar no Brasil. Elas precisam libertar-se da tutela terminológica da burguesia (isto é, de relações de dominação que se definem, na área da cultura, como se fossem parte do ar que respiramos ou "simples palavras"). Ora, em uma sociedade de classes da periferia do mundo capitalista e de nossa época, não existem "simples palavras". A revolução constitui uma realidade histórica; a contrarrevolução é sempre o seu contrário (não apenas a revolução pelo avesso: é aquilo que impede ou adultera a revolução). Se a massa dos trabalhadores quiser desempenhar tarefas práticas específicas e criadoras, ela tem de se apossar primeiro de certas palavras-chave (que não podem ser compartilhadas com outras classes, que não estão empenhadas ou que não podem realizar aquelas tarefas sem se destruírem ou sem se prejudicarem irremediavelmente). Em seguida, deve calibrá-las cuidadosamente, porque o sentido daquelas palavras terá de confundir-se, inexoravelmente, com o sentido das ações coletivas envolvidas pelas mencionadas tarefas históricas.

No nível mais imediato, de luta pela transformação da sociedade brasileira no aqui e no agora, a palavra "revolução" recebe um significado que não depende apenas do querer coletivo das classes trabalhadoras. Toda sociedade de classes, independentemente do seu grau de desenvolvimento capitalista, possui certas exigências econômicas, sociais, culturais, jurídicas e políticas. Certas "transformações estruturais" (designadas separadamente como "revoluções" pelos analistas: revolução agrária, revolução urbana, revolução demográfica, revolução nacional, revolução democrática) indicam as aproximações (ou os afastamentos e negações dessas aproximações) com referência a potencialidades de expansão da ordem burguesa. Uma sociedade capitalista que não realiza nenhum tipo de reforma agrária e na qual a revolução urbana se confunde ou com a inchação, ou com a metropolização segmentada, terá de estar em débito com a revolução demográfica, com a revolução nacional e com a revolução democrática. Essas transformações são concomitantes e se regulam pelo grau de diferenciação interna do sistema de produção propriamente dito. Pode-se dizer o que se quiser a respeito de tais sociedades capitalistas: "Nações proletárias" ou "Nações de lumpemburguesias" – a verdade é que elas possuem um enorme espaço interno para as *revoluções dentro da ordem*. Transformações, que foram desencadeadas em outras sociedades capitalistas *avançadas* ("clássicas" ou "atípicas") a partir de iniciativas das classes altas ou das classes médias burguesas, nelas terão de transcorrer a partir de iniciativas das classes despossuídas e trabalhadoras: os condenados da terra têm o que fazer e, se eles não fazem, a história estaciona (isto é, o capitalismo não gera dividendos que interessem e aproveitem à Nação como um todo). Lembremos 1964: a revolução democrática é subitamente convertida numa revolução antidemocrática.

Nesse nível, o conceito de revolução não aparece com uma especificidade histórica *pro-*

letária. Não se trata da revolução dos "outros" e para os "outros", pois as classes trabalhadoras e subalternas possuem um enorme interesse direto e indireto *no raio de revolução* da sociedade burguesa. Acontece que tempos históricos distintos misturam-se na situação concreta. Um proletariado em formação, por exemplo, carente de meios próprios de organização e de autonomia relativa de classe, defronta-se com um meio histórico no qual as classes burguesas *paralisam e solapam* todas as transformações concomitantes que marcam as mudanças sociais progressivas do capitalismo. Em consequência, esse proletariado deixa de ter o espaço histórico de que necessita para lutar por seus interesses de classe e para aumentar o seu poder real de classe. O desenvolvimento capitalista sofre menos que os teóricos do passado poderiam presumir; ao contrário, ele pode ser "acelerado" além dos interesses da sociedade como um todo e, especialmente, dos interesses das classes trabalhadoras. E estas, como prêmio, recebem uma dose adicional de superexploração e de ultraopressão, sem condições materiais e políticas para remover esses males.

A moral da história é óbvia. A revolução apenas como e enquanto *transformação estrutural da sociedade capitalista* representa uma fronteira da qual as classes trabalhadoras (e especialmente suas vanguardas) não poderão fugir sem consequências funestas. Uma sociedade capitalista semidemocrática é melhor que uma sociedade capitalista sem democracia alguma. Nesta, nem os sindicatos nem o movimento operário podem se manifestar com alguma liberdade e crescer naturalmente. Por isso, a "revolução dentro da ordem" possui um conteúdo bem distinto do que ela assumiu na órbita histórica dos países capitalistas centrais. As classes burguesas não se propõem as tarefas históricas *construtivas,* que estão na base das duas revoluções, a nacional e a democrática; e as classes trabalhadoras têm de definir por si próprias o eixo de uma revolução burguesa que a própria burguesia não pode levar até o fundo e até o fim, por causa de vários fatores (a persistência de estruturas coloniais e neocoloniais que afetam as relações de produção, a distribuição e o consumo; a aliança com burguesias externas imperialistas; o medo permanente de deslocamento, que atormenta os setores nacionais da burguesia – diante dos deserdados da terra e do proletariado, mas, também, diante dos centros imperiais). Os que repudiam tais tarefas históricas do proletariado por temor do oportunismo e do reformismo ignoram duas coisas. Primeiro, que, sem uma maciça presença das massas destituídas e trabalhadoras na cena histórica, as potencialidades nacionalistas e democráticas da ordem burguesa não se libertam e, portanto, não podem ser mobilizadas na fase em transcurso de organização do proletariado como classe em si. Segundo, que o envolvimento político das classes trabalhadoras e das massas populares no aprofundamento da *revolução dentro da ordem* possui consequências socializadoras de importância estratégica. A burguesia tem pouco que dar e cede a medo. O proletariado cresce com a consciência de que tem de tomar tudo com as próprias mãos e, a médio prazo, aprende que deve passar tão depressa quanto possível da condição de fiel da "democracia burguesa" para a de fator de uma *democracia da maioria,* isto é, uma democracia popular ou operária.

No nível mais amplo, a noção de revolução tem de ser calibrada pelas classes trabalhadoras em termos das relações antagônicas entre burguesia e proletariado dentro do capitalismo da era atual. A época das revoluções burguesas já passou; os países capitalistas da periferia assistem a uma falsa repetição da história: as revoluções burguesas *em atraso* constituem processos estritamente estruturais, alimentados pela energia dos países capitalistas centrais e pelo egoísmo autodefensivo das burguesias periféricas. Estamos na época das revoluções proletárias e pouco importa que elas só tenham aparecido nos "elos débeis" do capitalismo. O que se configurava como um processo que iria dos países centrais para a periferia, de fato caminhará da periferia para o centro! Por isso as burguesias dos países centrais se organizam como verdadeiras bastilhas e promovem seu "pluralismo democrático" ou seu "socialismo democrático" como se fossem equivalentes políticos do socialismo revolucionário e do comunismo. Nesse nível, a linguagem e a mensagem de *O Manifesto do Partido Comunista* permanecem plenamente atuais. Marx e Engels enunciaram o essencial: *sob* o capitalismo e *dentro* do capitalismo a revolução de sentido histórico se dá contra a sociedade burguesa e o seu Estado democrático-burguês. Uma revolução que, em sua primeira etapa, substituirá a dominação da minoria pela dominação da maioria; e, em seguida, numa etapa mais avançada, eliminará a sociedade civil e o Estado, tornando-se instrumental para o aparecimento do comunismo e de um novo padrão de civilização.

Nesse nível, o conceito de revolução aparece saturado de sua especificidade histórica. Ele se identifica com as tarefas maiores do proletariado e define um longo porvir de transformações revolucionárias encadeadas. Nele, como salientaram Marx e Engels, fica claro que o proletariado possui funções análogas ou simétricas àquelas que a burguesia preencheu na desintegração da sociedade feudal e na construção da sociedade capitalista. Só que essas funções são mais complexas e difíceis. Para realizá-las, como os dois autores indicaram, o proletariado precisa, antes de mais nada, conquistar o poder. E, mais tarde, a partir daí, é que poderá construir sua versão de democracia e, em seguida, dedicar-se à constituição de uma sociedade igualitária e socialista. Ora, o fato de que o socialismo não evoluiu simultaneamente em todo o orbe introduziu outras complicações nesse quadro. De um lado, as revoluções proletárias herdaram os atrasos e as contradições do capitalismo nos "elos débeis": foi preciso travar uma terrível luta para criar *condições materiais e sociais de transição,* que não se encontravam configuradas historicamente. De outro, o cerco capitalista deformou de várias formas as revoluções proletárias e fortaleceu, numa evolução secular, a capacidade de autodefesa e de ataque das nações capitalistas centrais, em seus núcleos e em seus polos estratégicos da periferia.

Não se pode nem se deve subestimar as inflexões da realidade histórica: o socialismo sofreu uma compressão que o sistema de poder feudal jamais poderia infligir ao capitalismo nascente. Essa constatação não altera o essencial: a revolução anticapitalista e antiburguesa é uma revolução proletária e socialista. Ela nega a ordem existente em todos os níveis e de modo global. O que a realidade histórica esclareceu diz respeito à duração do processo e à sua complexidade. É preciso, pois, que o conceito de revolução seja posto em toda a firmeza de sua substância e em toda a clareza de seu sentido histórico. A revolução em processo, que caracteriza a presença e o papel construtivo das classes trabalhadoras na história, não é só uma revolução anticapitalista e antiburguesa. Ela é uma revolução socialista, que se negará como tal na medida em que o socialismo se converter, por sua vez, em padrão de uma nova civilização, culminando em seu eixo final que desemboca no comunismo. O que isto quer dizer? Que o comunismo será um subproduto da superação do período de transição e de negação do socialismo por si mesmo? É claro que não! Isso quer dizer que a revolução proletária não terá um eixo revolucionário curto, que se esgote na substituição de uma classe dominante por outra (o proletariado como substituto e equivalente da burguesia, o que esta realizou com referência à nobreza feudal). O proletariado deverá ser ainda mais revolucionário *depois da conquista do poder e da derrota final da burguesia*. Essa é a condição histórica para que a transição para o socialismo e o chamado "socialismo avançado" possuam uma dinâmica democrática própria, de tal modo que cada avanço socialista represente um aprofundamento comunista na negação, seja do período de transição, seja do "socialismo avançado". Essa representação marxista já foi considerada como uma pura utopia. No entanto, ela não é uma utopia, embora não fosse, como tal, um mal em si mesma. A burguesia não levou sua revolução até o fim e até o fundo porque não teve a seu favor uma substância de classe revolucionária que a animasse a superar-se, a negar-se e a transcender-se de modo inexorável e incessante. O mesmo não ocorre com o proletariado, porque ele desintegrará a sociedade civil e o elemento político que ela engendra e reproduz, cimentando a vida social na igualdade, na liberdade e na fraternidade entre todos os seres humanos. Então a Humanidade poderá contar com uma civilização na qual "as *evoluções sociais* deixarão de ser *revoluções políticas*", de acordo com uma célebre previsão de Marx.

2. "Quem faz" a revolução?

Há uma tendência a tornar a revolução um fato "mítico" e "heroico", ao mesmo tempo *individualizado* e *romântico*. Várias tradições convergem no sentido de anular o papel por assim dizer de suporte e instrumental das massas e salientar as figuras centrais, por vezes as "figuras heroicas e decisivas". A burguesia cedeu a essas tradições e fomentou-as, a tal ponto que sua historiografia, mesmo quando busca os *fatores externos,* concentra-se no "culto dos heróis" e dá relevo aos papéis criadores dos "grandes homens". Não é o caso de se debater, agora, a questão da explicação na história e de como entender a relação de personalidades revolucionárias com os processos de transformação do mundo. A historiografia marxista nunca anulou a importância da personalidade nos processos históricos e jamais praticou uma redução mecanicista, que excluísse seja o fator humano e psicológico, seja o grande homem e os líderes exemplares da explicação causal na história. O que distingue o marxismo, a esse respeito, é a tentativa de compreender a revolução como fenômeno sociológico de classe. Isso não significa "nivelar a história por baixo" ou "pôr em primeiro plano o estômago", com descuido do espírito e da razão. Os corifeus da teoria idealista da história escrevem tantas sandices que o melhor é ignorá-los e partir diretamente de uma concepção objetiva do lugar que a luta de classes confere à revolução em uma sociedade intrinsecamente antagônica. Isso não impede, antes o exige, que se evite cair no mal oposto: um "obreirismo" rudimentar e o "redentorismo" do partido revolucionário. As dimensões da luta de classes não são determinadas exclusivamente por uma das classes – mesmo a classe operária, ou por sua vanguarda e o seu partido; elas constituem uma função do desenvolvimento do capitalismo e da vitalidade que as classes em conflito demonstram no aproveitamento das oportunidades históricas. O quanto uma classe pode crescer *graças e através* da revolução é demonstrado conclusivamente no belo livro de Victor Serge sobre *O Ano I da Revolução Russa,* até hoje a melhor descrição marxista do comportamento revolucionário do proletariado numa situação histórica concreta. Este livro também resolve a equação do papel do grande homem de uma perspectiva marxista: basta que se acompanhe o tratamento que Serge dispensa a Lenin, na evolução dos acontecimentos e do processo revolucionário, para se ter um exemplo modelar da concepção marxista da personalidade como "fator histórico".

A estrutura de classes da sociedade capitalista delimita a natureza do *drama burguês:* o raio de revolução histórico da burguesia é fechado e estreito, esgotando-se rapidamente ao longo da conquista e da consolidação do poder. Tomando-se como paralelo a França, tem-se aproximadamente um século entre o paroxismo revolucionário da burguesia ascendente e a fúria reacionária do *terror burguês*. Entre a convocação dos Estados Gerais e o esmagamento da Comuna de Paris esgota-se um raio de revolução que era determinado, fundamentalmente, pela posição de classe da burguesia: esta tinha de optar entre uma utopia revolucionária largamente extracapitalista, em suas origens históricas, e os ditames egoísticos da "consciência burguesa", regulados pela reprodução ampliada do capital e pela necessidade de impedir que a revolução oscilasse definitivamente para as mãos do proletariado. Apreciando-se as coisas desse ângulo, o milagre capitalista não aparece na ascensão da burguesia à hegemonia social de classe e à conquista do poder político, mas no fato histórico muito mais complexo e importante que mostra como uma burguesia crescentemente conservadora e reacionária foi capaz de fomentar sucessivas revoluções técnicas, dentro e através do capitalismo, inclusive absorvendo, filtrando e satisfazendo parcialmente pressões especificamente anarquistas, sindicalistas e socialistas das massas operárias, pelas quais se alargou e se modificou a democracia burguesa. Esse fato histórico fez com que na Europa – e mais tarde nos Estados Unidos e no Japão – a modernização capitalista se desenvolvesse subvertendo as bases técnicas da produção e revolucionando os dinamismos do mercado (interno e externo: eles não podem ser separados), enquanto se intensificava a concentração da riqueza real e do poder real nas mãos de um tope restrito.

Essa dialética explica-se pelas determinações econômicas, sociais e políticas da propriedade privada dos meios de produção, graças à qual a burguesia se torna, a um tempo, a classe possuidora mais poderosa e mais hipócrita da história das civilizações fundadas na estratificação social. Ela proclama uma utopia, a do seu período de ascensão (efetivamente revolucionária), e pratica uma ideologia de mistificação sistemática nas relações entre meios e fins (a de seu período de consolidação), indispensável para que pudesse ser modernizadora, em um nível, e conservadora, reacionária ou ultrarreacionária, em outro (o que começa a ocorrer com uma rapidez incrível e muito antes do desmascaramento inevitável, produzido pela guerra sem quartel contra a Comuna). Esse é o protótipo que se generaliza e que confere à dominação burguesa sua realidade política. A sua face oculta mais profunda iria aparecer mais tarde, através do fascismo, da "democracia forte" e da autocracia burguesa e se disseminaria com enorme intensidade na periferia do mundo capitalista. Porém, no último quartel do século XIX, a Europa avançada já ostentava *todas as faces* do desenvolvimento capitalista. A história caminhava, no Ocidente, na direção de uma cadeia de ferro. E a lógica dessa evolução provinha da incapacidade da burguesia de livrar-se dos "imperativos" da propriedade privada. Ela não podia ser "uma coisa *ou* outra". Tinha de caminhar conciliando modernizações sucessivas a uma consciência de classe conservadora crescentemente mais estreita, mais perigosa e mais perniciosa. No fundo, convertera-

-se em uma classe que comprava com dinheiro *a sua* felicidade pagando as contas à vista.

A mesma estrutura de classes compelia o proletariado a um complexo movimento histórico: os proletários surgem como uma massa dispersa e incoerente, sem união ativa e totalmente subordinada aos interesses econômicos e aos objetivos políticos da burguesia; graças ao desenvolvimento industrial, o proletariado cresce em número, concentra-se cada vez mais, forma sindicatos e uniões permanentes, pelas quais se organiza, se bate com a burguesia em escala local e nacional, e aprende a atuar em conjunto, tomando consciência de seus interesses econômicos e de seus objetivos políticos; por fim, em função do próprio avanço das contradições da sociedade capitalista, quando se configura "o processo de dissolução da classe dominante" e, na verdade, de toda a ordem social, "a luta de classes se aproxima da hora decisiva" e o proletariado passa a preencher em toda a plenitude suas tarefas de classe revolucionária, "aquela que tem o futuro em suas mãos". Esse resumo, mais ou menos livre, de alguns trechos de *O Manifesto do Partido Comunista,* põe em relevo três estágios fundamentais e distintos. O fato histórico central vem a ser a constituição do proletariado em classe (como *classe em si*) e o seu desenvolvimento como classe independente. Isso não se dá sem o desenvolvimento concomitante das forças produtivas e da própria burguesia. No entanto, somente no primeiro estágio os proletários ficam à mercê da burguesia, engrossando suas forças sociais e políticas. No segundo estágio, à medida que se desenvolve como classe independente, o proletariado liberta-se da tutela política burguesa e impõe-se como "partido político" (ou seja, como classe capaz de lutar organizadamente pelos salários, mas, também, por melhores condições de trabalho e de existência, por maior autonomia social e pelo alargamento político da ordem burguesa). Neste estágio, as reivindicações operárias de caráter sindicalista e socialista definem o lado proletário dos direitos civis e políticos, incorporados pela força da luta de classes à legalidade burguesa e ao funcionamento do sistema político representativo. No terceiro estágio, finalmente, o potencial revolucionário do proletariado emerge e expande-se livremente, já que ele deve comandar a luta de classes e o processo global de desintegração da "antiga sociedade" e de constituição incipiente da sociedade socialista. "Todos os movimentos históricos precedentes foram movimentos minoritários ou em proveito de minorias. O movimento proletário é o movimento consciente e independente da imensa maioria, em proveito da imensa maioria. O proletariado, a camada inferior da nossa sociedade, não pode erguer-se, pôr-se de pé, sem fazer saltar todos os estratos superpostos que constituem a sociedade oficial." Ao realizar sua missão, que "é a de destruir todas as garantias e seguranças da propriedade individual", o proletariado inaugura uma nova época de grandes transformações históricas.

Essa descrição possui um grande mérito teórico. Ela assinala como o desenvolvimento do capitalismo se enlaça ao desenvolvimento concomitante das duas classes fundamentais da sociedade capitalista e a um agravamento crescente da luta de classes, pela qual o antagonismo entre o capital e o trabalho se manifesta como fermento histórico. "Esboçando em linhas gerais as fases do desenvolvimento do proletariado, descrevemos a guerra civil mais ou menos oculta, existente na sociedade atual, até a hora em que essa guerra explode numa revolução aberta e a derrubada violenta da burguesia estabelece a dominação do proletariado." Temos, pois, uma guerra civil *latente* e uma eclosão revolucionária *aberta*. As transformações seguem as linhas dos equilíbrios e desequilíbrios de forças nas relações antagônicas da burguesia com o proletariado. Em suma, *quem faz a revolução* é a grande massa proletária e *quem lhe dá sentido* é a grande massa proletária. Não se trata de uma categoria social como "povo" – mas da parte proletária do povo e daqueles que, não sendo proletários, identificam-se politicamente com o proletariado na destruição das formas burguesas de propriedade e de apropriação social. Em suma, a maioria descobrindo por seus próprios meios que a ordem burguesa não é a única possível e tentando, também por seus próprios meios, a conquista do poder e de uma nova forma de democracia, a democracia proletária. A nova época inicia-se, portanto, mediante uma revolução através da qual o proletariado, convertido em classe dominante, "destrói violentamente" as antigas relações de produção e, com elas, "as condições dos antagonismos de classes e as próprias classes em geral", abrindo caminho para extinguir, assim, "sua própria dominação como classe". Utopia e ideologia caminham juntas, já que ambas extraem sua realidade histórica de uma condição de classe revolucionária instrumental para a revolução, mas condenada ao desaparecimento pela concretização paulatina da própria revolução. Isso permite a Marx e Engels um vaticínio ousado: "Em lugar da antiga sociedade burguesa, com suas classes e antagonismos de classes, haverá uma associação na qual o livre desenvolvimento de cada um é a condição do livre desenvolvimento de todos".

A descrição possui, adicionalmente, um mérito prático. Ela propõe a revolução do proletariado dentro de um raio de ação revolucionária de classe que não se esgota no âmbito do capitalismo e da sociedade burguesa, já que o seu termo fornecido pela extinção do proletariado como classe – e dos antagonismos de classes e das classes em geral. Enquanto a guerra civil é latente, a transformação revolucionária se equaciona *dentro da ordem*, como um processo de alargamento e aperfeiçoamento da sociedade burguesa pela ação coletiva do proletariado; quando a guerra civil se torna aberta, a transformação revolucionária se equaciona *contra a ordem*, envolvendo primeiro a conquista do poder e, mais tarde, a desagregação da antiga sociedade e a formação de uma sociedade sem classes, destituída de dominação do homem pelo homem e de elemento político (portanto, de uma ordem sem sociedade civil e sem Estado).

O que essa descrição implica, no plano prático? O reconhecimento, pelos revolucionários de ótica comunista, de que *as situações revolucionárias não se criam ao sabor da vontade* (ou, como diria Lenin, não se produzem por encomenda). Situações revolucionárias encobertas e explícitas formam uma sequência em cadeia. O talento inventivo dos revolucionários se mostra na medida em que eles são capazes de atinar com as exigências e com as possibilidades revolucionárias de cada situação. Um diagnóstico errado conduz a sacrifícios inúteis; uma oportunidade real desperdiçada reflete-se numa perda do movimento revolucionário *em cadeia* (afeta, pois, o presente e o futuro). Além disso, o teor revolucionário do movimento de classes se determina pelas potencialidades favoráveis e desfavoráveis da situação concreta. Por isso, pode-se prescindir de fórmulas dogmáticas e de líderes messiânicos. A firmeza da ação revolucionária de classe dependerá, assim, de formas de solidariedade de classe, de consciência revolucionária de classe e de comportamento revolucionário de classe: se o proletariado não estiver preparado para enfrentar suas tarefas revolucionárias concretas, não poderá levar a revolução até o fim e até o fundo, no contexto social imediato e a longo prazo. Os proletários não são marionetes e tampouco desdobram os painéis de uma história que se prefigura de modo inflexível. Na cena histórica, a luta de classes gradua o componente humano e psicológico de toda a evolução. Erros e acertos repontam aqui e ali, favorecendo ora a burguesia, ora o proletariado. A classe que não souber aproveitar as oportunidades terá de pagar um alto preço, pois, se a burguesia conseguir vergar o "arco histórico" do proletariado, este oscilará para uma prolongada penumbra histórica (como aconteceu com o proletariado europeu principalmente durante e depois da Primeira Guerra Mundial); e, ao revés, se o proletariado conseguir se antecipar ao curso da história, ele poderá deslocar a burguesia de suas posições e precipitar a sua própria revolução social (como ocorreu na Rússia nas duas primeiras décadas deste século). O que quer dizer que descrever as condições da revolução em termos de luta de classes não equivale a "ignorar" o elemento humano na história. Ao contrário, significa buscar as linhas de determinações que fluem, através das classes e dos antagonismos de classes, na objetivação das condições nas quais os seres humanos constroem coletivamente a sua história. Aliás, já em *A Sagrada Família* Marx e

Engels haviam salientado esse fato. "A história não faz nada, 'não possui uma riqueza imensa', 'não dá combates'! Acima de tudo, é o homem, o homem real e vivo, que faz tudo isso e realiza combates; estejamos seguros que não é a história que se serve do homem como de um meio para realizar – como se ela fosse um personagem particular – seus próprios fins; ela não é mais que a atividade do homem que persegue seus objetivos".

O *homem real e vivo* está nos dois polos da luta de classes, nos dois lados da "guerra civil mais ou menos oculta" e da guerra civil que "explode numa revolução aberta", sob a forma concreta que os antagonismos entre capital e trabalho assumem nos conflitos da burguesia com o proletariado. Revolução e contrarrevolução constituem, por consequência, duas faces de uma mesma realidade. Sob a guerra civil latente, a pressão autodefensiva da burguesia pode ser contida nos limites da "legalidade"; por sua vez, o contra-ataque proletário fica circunscrito à defesa de sua autonomia de classe e de sua participação coletiva no sistema de poder burguês. Em outras palavras, a burguesia afasta-se das tarefas históricas impostas por sua revolução de classe, mas o proletariado não. Ele força e violenta os dinamismos da sociedade capitalista, obrigando os setores estratégicos das classes burguesas a retomar pé na transformação revolucionária da ordem social competitiva. Onde isso não ocorreu ou, então, onde isso ocorreu de modo muito fraco e descontínuo, a democracia burguesa sempre se revelou muito débil e facilmente propensa às contrações contrarrevolucionárias dos regimes ditatoriais. Sob a guerra civil aberta, a pressão autodefensiva da burguesia torna-se virulenta e se coloca acima de qualquer "legalidade"; por sua vez, o proletariado bate-se diretamente pela conquista do poder ou, pelo menos, pela instauração de uma dualidade de poder que exprima claramente a legalidade que a revolução opõe à ilegalidade da contrarrevolução. O campo da luta de classes adquire uma transparência completa e converte-se automaticamente em um campo de luta armada, pela qual a revolução e a contrarrevolução metamorfoseiam a guerra civil a frio ou/e a quente em um prolongamento da política por outros meios. A vitória de uma ou de outra classe depende da relação da revolução e da contrarrevolução com as forças sociais que outras classes podem colocar à disposição da transformação revolucionária ou da defesa contrarrevolucionária da ordem.

Tudo isso torna decisivo o equacionamento de estratégias revolucionárias mais ou menos compatibilizadas com as exigências e as possibilidades das situações concretas. Em "A Falência da II Internacional" *(Oeuvres,* vol. 21, 1914-1915), Lenin trata dos indícios de uma situação revolucionária e das probabilidades da eclosão revolucionária: "Para um marxista, está fora de dúvida que a revolução é impossível sem uma situação revolucionária, mas nem toda situação revolucionária leva à revolução. Quais são, de uma maneira geral, os indícios de uma situação revolucionária? Estamos certos de não nos enganarmos indicando os três indícios principais seguintes: 1) impossibilidade para as classes dominantes de manter sua dominação sob uma forma inalterada; crise do 'vértice', crise da política da classe dominante, o que cria uma fissura pela qual os descontentes e a indignação das classes oprimidas se abrem um caminho. Para que a revolução estoure não é suficiente, habitualmente, que 'a base não deseje mais' viver como antes, mas é ainda necessário que 'o cume não o possa mais'; 2) agravamento, mais do que é comum, da miséria e do desespero das classes oprimidas; 3) intensificação acentuada, pelas razões indicadas acima, da atividade das massas, que se deixam pilhar tranquilamente nos períodos 'pacíficos' mas que, no período tempestuoso, são empurradas, seja pela crise no seu conjunto, seja *pelo próprio 'vértice'*, para uma ação histórica independente". "Sem essas transformações objetivas, independentes da vontade destes ou daqueles grupos e partidos, mas ainda de tais ou quais classes, a revolução é, em regra geral, impossível. É o conjunto dessas transformações objetivas que constitui uma situação revolucionária. Conheceu-se essa situação em 1905 na Rússia e em todas as épocas de revoluções no Ocidente; mas ela também existiu nos anos 60 do último século na Alemanha, do mesmo modo que em 1859-1861 e 1879-1880 na Rússia, embora não tenham ocorrido revoluções em tais momentos. Por quê? Porque a revolução não surge de toda situação revolucionária, mas somente no caso em que, a todas as transformações objetivas enumeradas acima, se acrescenta uma transformação subjetiva, a saber: a capacidade, no que concerne à *classe* revolucionária, de conduzir ações revolucionárias de massa bastante *vigorosas* para destruir completamente (ou parcialmente) o antigo governo, que não cairá jamais, mesmo em épocas de crises, se não for 'compelido a cair'". Em *A Doença Infantil do Comunismo,* Lenin retoma o assunto, estabelecendo ênfases sintomáticas: "A lei fundamental da revolução, confirmada por todas as revoluções e especialmente pelas três revoluções russas do século XX, ei-la aqui: para que a revolução tenha lugar, não é suficiente que as massas exploradas e oprimidas tomem consciência da impossibilidade de viver como antes e reclamem transformações. Para que a revolução tenha lugar, é necessário que os exploradores não possam viver e governar como antes. É somente quando *'os de baixo' não querem mais e 'os de cima' não podem mais* continuar a viver da antiga maneira, é somente então que a revolução pode triunfar. Essa verdade se exprime em outras palavras: a revolução é impossível sem uma crise nacional (afetando explorados e exploradores). Assim, pois, para que uma revolução tenha lugar, é preciso: primeiramente conseguir que a maioria dos operários (ou pelo menos, que a maioria dos operários conscientes, ponderados, politicamente ativos) tenha compreendido perfeitamente a necessidade da revolução e esteja disposta a morrer por ela; é preciso também que as classes dirigentes atravessem uma crise governamental que envolva na vida política até as massas mais retardatárias (o indício de toda revolução verdadeira é uma rápida elevação ao décuplo, ou mesmo ao cêntuplo, do número de homens aptos para a luta política, entre a massa laboriosa e oprimida, até a apática), a qual enfraqueça o governo e torne possível aos revolucionários a sua pronta substituição".

Como parte do cerco capitalista contra o movimento socialista revolucionário, suscitou-se uma polêmica obstinada sobre o aparecimento de um partido proletário revolucionário que substituiu a classe por uma vanguarda política e conferiu todo o poder de decisão ou de direção a pequenas elites de revolucionários profissionais. Esse assunto nos interessa aqui porque é necessário deixar claro se o proletariado como classe tem ou não tarefas revolucionárias efetivas. É óbvio que a polêmica possui origens espúrias, definindo-se como uma manobra engenhosa para lançar confusão e enfraquecer o movimento político do proletariado. Depois das experiências históricas da Comuna de Paris e, principalmente, em função da dura repressão que a burguesia desencadeou sobre o proletariado na Europa (para não se falar nas áreas mais ou menos atrasadas do mundo capitalista e de regimes como o que prevalecia na Rússia, nos quais a debilidade da burguesia fazia contraponto à onipotência da autocracia), ficou claro que as tarefas revolucionárias impunham ao proletariado uma centralização mais eficiente e produtiva de seu potencial revolucionário. Isso não quer dizer que a constituição do partido proletário revolucionário equivalia à formação de uma elite "exterior" à massa, em típica relação de dominação com ela (como se o partido socialista revolucionário reproduzisse a estrutura do Estado capitalista e, em particular, de suas Forças Armadas). A contrapropaganda foi, aí, longe demais, e os "socialistas" que aceitaram seus argumentos revelaram apenas sua pobreza de espírito. Já em *O Manifesto* Marx e Engels assinalaram qual era o papel dos comunistas em face dos proletários, como "a fração mais resoluta e avançada dos partidos operários de cada país, a fração que impulsiona as demais", com a vantagem, sobre o proletariado, de "uma compreensão nítida das condições, da marcha e dos fins gerais do movimento proletário". "O fim imediato dos comunistas é o mesmo que o de todos os outros partidos operários: constituição do proletariado em classe, derrubada da supremacia burguesa, conquista do poder político pelo proletariado." Claro, sintético e brilhante! Na verdade, a existência de uma classe revolucionária não constituía uma "invenção" deles, e sem um proletariado consciente e organizado a revolução proletária nunca passaria de uma miragem. Qualquer partido revolucionário do proletariado não poderia, pois, prescindir do proletariado como classe e tampouco poderia pretender mais do que ser instrumental para os três objetivos centrais mencionados em *O Manifesto*. A seguinte passagem de Lenin, extraída de um texto escrito por ele em 1920, é esclarecedora e definitiva (cf. *Oeuvres*, vol. 31, p. 80-81): "A vanguarda do proletariado é conquistada ideologicamente. É o principal. De outro modo, mesmo dar um primeiro passo na direção da vitória será impossível. Porém, daí à vitória ainda há uma grande distância. Não se pode vencer somente com a vanguarda. Lançar somente a vanguarda na batalha decisiva, enquanto toda a classe, enquanto as grandes massas não tenham tomado seja uma atitude de apoio direto à vanguarda, seja pelo menos uma neutralidade benévola, o que as torna completamente incapazes de enfrentar seu adversário, seria tolice, e mesmo um crime. Ora, para que verdadeiramente toda a classe, para que verdadeiramente as grandes massas de trabalhadores e oprimidos do Capital cheguem a tal posição, a propaganda, apenas, a agitação apenas não é suficiente. Para isso, é preciso que essas massas façam sua própria experiência política. Tal é a lei fundamental de todas as grandes revoluções".

3. É possível "impedir" ou "atrasar" a revolução?

A revolução social do proletariado não constitui uma fatalidade do desenvolvimento capitalista. Se fosse assim, o movimento revolucionário seria dispensável; e, de outro lado, o sindicalismo, o socialismo, o anarquismo e o comunismo não teriam razão de ser. É preciso voltar ao *Manifesto*: se há algum elemento "exterior" na ação dos comunistas, esse elemento provém da necessidade de levar ao proletariado "uma compreensão nítida das condições, da marcha e dos fins gerais do movimento proletário". Em uma dada situação, poderá ser necessário fortalecer e acelerar a "constituição do proletariado em classe"; em outra situação, poderá ser necessário solapar e se possível abalar "a supremacia burguesa"; enfim, onde os proletários contem com as condições indispensáveis de organização como classe independente e possam compelir a burguesia a aceitar sua atividade política e a tolerar sua presença revolucionária, a necessidade central poderá ser a "conquista do poder político". Esses fins podem mesclar-se, a partir de condições históricas típicas de uma situação revolucionária. Contudo, o que é central nessa descrição? É óbvio que é a luta de classes. A luta de classes se manifesta desde o início, desde o "ponto zero" desse movimento histórico, no qual o proletariado não reúne as condições materiais e sociais de uma classe e o objetivo revolucionário larvar vem a ser a constituição da classe. Em termos relativos, o elenco de objetivos mencionado não vai do mais simples ao mais complexo e difícil. Constituir-se e expandir-se como classe independente é uma façanha tão difícil quanto lutar contra a supremacia burguesa, para conquistar espaço histórico e político, mais ou menos dentro da ordem, e travar a luta direta pelo poder, o controle da sociedade e o comando do Estado. Segundo o próprio Lenin, é depois de derrubar a burguesia e de construir uma democracia proletária que se torna ainda mais difícil defender a revolução social e conduzi-la para diante. Aí é que os proletários, com seus aliados, precisam evidenciar mais firmeza, tenacidade e capacidade coletiva de sacrifício.

Os que acham que a revolução *é uma aventura*, que acreditam que se consegue a revolução "por encomenda", não pensam assim. Para eles, tudo é simples: basta provocar a burguesia e tomar-lhe o poder. Ora, acontece que, quanto mais desenvolvido for o sistema de produção capitalista, maior será a facilidade que as classes possuidoras e dominantes encontrarão em se fortalecer através da luta de classes. Essa regra se evidenciou claramente já ao longo do século XIX (e de maneira muito clara com a derrota da Comuna). Ao contrastar o poder da burguesia ao poder da nobreza feudal, Marx e Engels assinalaram as razões ou a natureza das dificuldades específicas que os proletários teriam de enfrentar e de vencer. *Só depois de conquistar o poder* teria o proletariado probabilidades de alterar sua relação com a sociedade capitalista e de usar o poder político para levar até o fim a destruição da ordem existente ou de encetar a fundo a construção de uma nova ordem social. Enquanto combatesse dentro da ordem capitalista e através de meios legais, qualquer que fosse sua capacidade de recorrer à violência, o proletariado poderia, no máximo, redefinir sua relação com a revolução burguesa, reacendendo os seus estopins, para ampliar sua autonomia e organização, como e enquanto classe, e serrar os dentes ou amarrar os braços das classes dirigentes. Continuando com sua hegemonia social e política, essas classes poderiam enfrentar a maré montante, seja fazendo concessões e ampliando os direitos civis, sociais e políticos do proletariado *dentro da ordem,* seja aproveitando as condições favoráveis para reduzir o ímpeto da pressão operária e, se possível, neutralizá-la. Em outras palavras, a luta de classes impõe ziguezagues aos dois lados e, em termos estratégicos, a burguesia sempre dispõe de vantagens que não podem nem devem ser subestimadas. A Comuna de Paris permitiu uma demonstração conclusiva. A burguesia pode aproveitar todas as vantagens de uma guerra civil a quente, inclusive um forte apoio externo, de outros países capitalistas, facilmente mobilizável em virtude do caráter mundial do mercado capitalista e do interesse mundial que liga as várias burguesias no patrocínio à mão armada de seus interesses vitais. Os pródromos da Primeira Grande Guerra desvendaram um painel ainda mais sombrio. A rapidez com que um rico movimento socialista foi convertido ao socialpatriotismo revela, até a medula, o terrível poder de corrupção que o controle da economia, da sociedade e do Estado coloca nas mãos das burguesias dominantes nos países capitalistas mais adiantados. Elas não precisam recorrer à violência exemplar sempre que desejem autodefender-se, autoproteger-se e contra-atacar.

Basta incorporar um setor mais amplo da vanguarda operária e das burocracias sindicais ou partidárias do proletariado às classes médias, para convertê-lo em burgueses e em cavaleiros andantes da democracia burguesa. A violência aplicada a uma Rosa Luxemburgo ou a um Karl Liebknecht, por exemplo, fica reservada para as ocasiões extremas, e a perseguição do movimento proletário sem nenhum quartel, como se procedeu sob o nazismo, por sua vez, é algo a que se recorre quando a contrarrevolução vitoriosa concede todos os trunfos às classes dominantes. Em contraposição, o que os operários e os camponeses são capazes de fazer, se chegam a dispor de recursos estratégicos análogos, é demonstrado pela revolução bolchevique. Todas as forças lançadas contra o Estado bolchevique, a partir de dentro e a partir de fora da Rússia, foram batidas e destroçadas.

Se se procede a uma análise rigorosa, que leve em conta as evoluções ocorridas nas sociedades capitalistas centrais, descobre-se que a burguesia não só aprendeu a conviver com a luta de classes – ela foi mais longe e vergou o próprio movimento socialista, primeiro, e o movimento comunista, em seguida, forçando-os a definir como seu eixo político a forma burguesa de democracia (isto é, forçou-os a renegar a luta de classes e os meios violentos, "não democráticos", de conquista do poder). Isso não implica que a revolução proletária tenha sido proscrita, que se possa dizer dela, de uma perspectiva burguesa, que "o perigo passou". Mas implica, claramente, em um avanço considerável da burguesia, em escala nacional e mundial, na utilização da luta de classes em proveito da defesa do capitalismo. Não se trata, apenas, de uma aprendizagem que tenha proporcionado vantagens só na "luta ideológica", porém de algo substancial: a burguesia aprendeu a usar globalmente as técnicas que lhe são apropriadas de luta de classes e ousou incorporar essas técnicas a uma gigantesca rede institucional, da empresa ao sindicato patronal, do Estado às organizações capitalistas continentais e de âmbito mundial. Enquanto o movimento socialista e o movimento comunista optaram por opções "táticas" e "defensivas", a burguesia avançou estrategicamente, em nível financeiro, estatal e militar, e procedeu a uma verdadeira *revolução das técnicas da contrarrevolução*. Inclusive, abriu novos espaços para si própria, explorando as funções de legitimação do Estado para amarrar as classes trabalhadoras *à segurança da ordem* e soldar os sindicatos ou os partidos operários aos *destinos da democracia*. Não me cabe, aqui, ir ao fundo do assunto e tampouco perguntar quais foram os erros tremendos que sindicalistas, socialistas, anarquistas e comunistas cometeram, em escala mundial, para serem relegados à condição de massa de manobra da burguesia em um momento histórico no qual o proletariado das sociedades capitalistas centrais possui todas as condições de classe em si e para si. O que entra em linha de conta, tão somente, *são concessões traidoras e suicidas.* Do abandono do internacionalismo proletário passou-se ao socialpatriotismo e, deste, à renegação do aprofundamento da luta de classes e da revolução proletária, como se a ordem social competitiva pudesse chegar a um estágio de confraternização de classes sociais antagônicas. Se isso não configura uma vitória – não apenas circunstancial, mas prolongada e *histórica* – da burguesia, as palavras perderam o seu sentido! O movimento histórico do proletariado *vergou* exatamente nos países onde ele tinha as melhores condições para dinamizar a luta de classes de forma revolucionária.

Desse ângulo, fica claro que a marcha da luta de classes pode oscilar e que tais oscilações se traduziram, politicamente, no declínio mais ou menos prolongado do potencial da classe operária de bater-se pela "conquista do poder". Se ela sucumbe no plano prévio de enfrentamento com a "supremacia burguesa", incorporando inclusive a ideologia de classe da burguesia e sua forma de democracia, ela tem de abater-se e de sucumbir ao poder do Estado. É fácil voltar aos grandes planos evolutivos e dizer: isso não quer dizer nada, porque o proletariado poderá perder todas as batalhas, mas não perderá a guerra. Ora, como ganhar a guerra sem aceitar "todas as batalhas"? Nesse ínterim, o que tem prevalecido é uma contrarrevolução macia e a frio, que drena as forças proletárias mais estuantes para o "exército da ordem" e perfilha os proletariados mais fortes, organizados e promissores às palavras-chave da democracia burguesa, convertida no alfa e no ômega do sindicalismo e do socialismo militantes. Por fim, numa época de crise de civilização, que é uma crise da civilização burguesa, descobre-se que o "MUNDO LIVRE" é o mundo da civilização burguesa. Safa!

As "promessas do proletariado" na década de vinte – e mais tarde, seguidamente, desde o advento do fascismo e da nova guerra mundial, não se concretizaram porque as classes trabalhadoras foram batidas, tanto na Europa quanto nos Estados Unidos. Culpar o consumo de massas, recorrer às guerras, à corrupção parcial ou global de vanguardas operárias e da aristocracia operária, à omissão da União Soviética (?!) etc., como bodes expiatórios, não muda a realidade das coisas. De um lado, as classes burguesas, ameaçadas de eliminação e de extinção, fizeram o que estava na lógica da situação revolucionária que fizessem. Revitalizaram até onde foi possível o polo burguês da luta de classes e mergulharam a fundo na contrarrevolução, beneficiando-se, ao longo do processo, das novas revoluções tecnológicas e dos recursos que elas trouxeram ao fortalecimento do capitalismo, à renovação da opressão e ao aperfeiçoamento da repressão. Comprovaram que o poder burguês não pode ser derrotado de modo tão fácil quanto o poder feudal e que o movimento socialista revolucionário precisa recalibrar-se e reaparelhar-se *para revolucionar suas técnicas de revolução*. De outro lado, o polo proletário da luta de classes entrou em declínio e sofreu um colapso prolongado. Belas páginas de enfrentamento viril ocorreram aqui e ali; e sacrifícios imensos foram feitos, sem consequência, à vitória da causa revolucionária do proletariado. Todavia, nem a ótica socialista nem a ótica comunista responderam às exigências da situação. De concessão em concessão, de miséria em miséria, suas forças militantes perderam a oportunidade histórica e viram-se condenadas, para salvar o "espaço histórico do proletariado", a renegar os valores fundamentais do socialismo revolucionário e toda a estratégia revolucionária do proletariado na luta de classes.

Estamos, pois, em uma época na qual se deve ler e reler *O Manifesto do Partido Comunista*. Ele não é um catecismo e o mundo histórico para o qual ele foi calibrado não existe mais. No entanto, é preciso lê-lo e relê-lo a fundo por outra razão: trata-se de como recuperar a verdadeira ótica do socialismo revolucionário e do comunismo. A luta de classes não constitui um artigo de fé. Ela é uma realidade e só poderá desaparecer se o capitalismo for destruído. Por maior que seja a parcela do "bolo" reservada à satisfação, seja da aristocracia operária, seja das classes trabalhadoras como um todo, a ordem capitalista nunca poderá se alterar de modo a subverter a relação básica entre capital e trabalho. O próprio capitalista só tem interesse no "amortecimento" e no "solapamento" da luta de classes enquanto puder manter integralmente a forma capitalista de propriedade privada e de exploração do trabalho. O *capitalismo reformado* é uma balela e os que acreditam nele como "uma forma de revolução democrática", capaz inclusive de superar o socialismo proletário, nunca tiveram quaisquer elos efetivos com as posições proletárias na luta de classes. A volta ao *Manifesto* será, pois, uma maneira de ressoldar os liames do movimento socialista com o proletariado e com a revolução anticapitalista.

Não faltam, certamente, análises e convicções que mostrarão o "caráter utópico" desse renascimento de uma autêntica consciência proletária da transformação do mundo. Se até Herbert Marcuse, um modelo de integridade, chegou a escrever que desapareceram as condições para a manifestação e o florescimento fermentativo dos conflitos de classes! Insiste-se no crescimento das classes médias, no estreitamente do setor proletário ou na predominância do trabalho intelectual para ressaltar que, sob a grande indústria ultramoderna, a *sociedade de massas* despolitiza a consciência e o comportamento ativo das classes oprimidas, como se, finalmente, as classes possuidoras e dominantes tivessem descoberto o seu paraíso, graças à civilização industrial recente. No mínimo (ou, quem sabe, no máximo) as "grandes esperanças" da Humanidade estariam nos confins da periferia, entre os mais pobres e deserdados da Terra! ... O núcleo da civilização burguesa estaria fechado para essas esperanças, uma "doença do século XIX", e imune a qualquer revolução proletária como processo interno de construção de uma nova civilização. Esse *pessimismo radical* apenas mostra até onde foi a pressão burguesa, depois de um século de subversão contrarrevolucionária do movimento socialista e do pensamento socialista. Depois das versões iniciais de revisionismo, passa-se de Bernstein, do socialpatriotismo e do socialismo reformista mais ou menos íntegro para uma defesa da ordem calcada na ideia de que a revolução proletária tornou-se, ou simplesmente impraticável, ou totalmente improvável, como *um contrassenso político*. Os que não gostam do capitalismo precisam aprender a conviver com ele, a torná-lo "mais humano", através da dissidência inteligente e dos movimentos dotados de centros múltiplos de defesa comunitária da "qualidade da vida". Ora, o capitalismo é o maior coveiro da qualidade da vida. Por onde ele passou com vitalidade, nos países do centro e da periferia, superdesenvolvidos, subdesenvolvidos ou não desenvolvidos, o efeito foi sempre o mesmo. A qualidade da vida não passa de uma miragem e os múltiplos movimentos que propagam as suas bandeiras apenas demonstram a impotência dos seres humanos que pretendem conciliar capitalismo e razão. Nem é preciso a guerra, aberta ou mascarada, para deixar patente que a única defesa correta da qualidade da vida constitui uma função do desmantelamento da civilização industrial capitalista; ou seja, ou a qualidade da vida se processa através do socialismo revolucionário, ou o movimento histórico em sua defesa nunca irá além de uma quimera.

A revitalização dos ideais revolucionários contidos no *Manifesto,* não obstante, não pode ocorrer "como se estivéssemos" no século XIX. Isso é óbvio e os marxistas que lograram vencer várias revoluções comprovaram que a luta de classes é suscetível de várias adaptações. O essencial é que ela não seja extinta ou paralisada, em nome de mistificações, como a que a encerra no universo *legal e pacífico* de defesa da forma burguesa de democracia. A *via democrática* compatível com a luta de classes é a que se cria graças ao enfrentamento das classes subalternas e oprimidas com as classes dirigentes e opressoras. De fato, seria ilusório pensar ou supor que as classes subalternas e oprimidas pudessem se organizar para levar a luta de classes a um patamar revolucionário, seja seguindo à risca o modelo burguês de democracia, seja prescindindo de uma forma concreta de democracia real interna em seu movimento histórico. A democracia não é só um valor supremo ou um fim maior. Ela também é um meio essencial; e, no caso das rebeliões dos destituídos e oprimidos sob o capitalismo, um meio essencial *sine qua non*: a ordem capitalista não é negada somente depois da conquista do poder. O deslocamento da supremacia burguesa e a necessidade da conquista do poder exigem uma democratização prévia extensa e profunda, *de natureza proletária,* das organizações operárias de autodefesa e de ataque. O que entra em jogo, portanto, não é ou democracia ou revolução proletária. Essa alternativa é falsa e desde que o proletariado tenha condições para se lançar ativamente à dinamização da luta de classes, ele põe em equação histórica uma forma política de democracia que as classes burguesas não podem endossar e realizar (e não poderiam mesmo que não estivessem vivendo uma época de contrarrevolução prolongada).

Essa conclusão mostra que não são os proletários e seus aliados que têm interesse em despojar-se das condições mais ou menos vantajosas em que podem travar a luta de classes sob o capitalismo monopolista e imperialista da era atual. Tal despojamento é imposto por meios coercitivos ou suasórios pela *violência burguesa:* o Estado democrático existente tem de destruir o movimento operário ou, pelo menos, impedir que ele lute por seus objetivos históricos centrais, porque a democracia burguesa não é bastante forte para conter os antagonismos gerados pela produção capitalista e pelo desenvolvimento do capitalismo. Essa forma política de democracia não comporta *a contraviolência dos proletários e oprimidos,* porque esta extinguiria as bases econômicas, sociais e políticas da dominação burguesa, isto é, ela não pode conferir *liberdade igual* a todas as classes sem se desintegrar. Por isso, é impossível *reformar o capitalismo* de uma forma proletária. Para reformar o capitalismo de uma forma proletária seria preciso eliminar todas as causas da desigualdade econômica, social e política, que existem e se reproduzem necessariamente sob o capitalismo, o que equivale a dizer: engendrar na sociedade e na civilização capitalistas existentes a forma histórica que a sociedade e a civilização tenderão a assumir graças e através do socialismo. As mistificações dos "socialistas democráticos" são evidentes. A democracia burguesa de nossos dias é uma *democracia armada* e armada exatamente contra isso. A "democracia forte" possui as mesmas causas que o fascismo e busca os mesmos fins. Ela nasce do temor da burguesia diante da revolução proletária e pretende paralisar a história. Se tudo isso fosse compatível, não com a forma burguesa de democracia, mas com a forma política que a democracia tende a assumir com a erupção e a ascensão das classes subalternas e oprimidas na história, o *mundo moderno,* nascido da revolução industrial e das revoluções técnicas sucessivas, que enriqueceram o capitalismo sem modificá--lo em sua substância, seria muito diferente do que *ele é.* A Humanidade poderia alcançar uma nova época de civilização sem passar pelo socialismo e pelo comunismo!... Em outras palavras, o sindicalismo, o anarquismo, o socialismo e o comunismo já estariam mofando nos porões da história, pois os proletários e seus aliados poderiam construir *o mundo da igualdade, da liberdade e da fraternidade* sem ter de recorrer à luta de classes e sem lançar mão da contraviolência para assegurarem-se certos mínimos que a democracia liberal, por si mesma, não confere a todos de modo universal.

4. Como "fortalecer a revolução" e "levá-la até o fim"?

Como foi visto acima, os proletários podem relacionar-se com duas revoluções distintas: 1º) com a revolução burguesa, inicialmente como força tutelada e cauda política da burguesia; 2º) com a revolução proletária, inicialmente criando as condições que a tornam possível (o que se dá dentro da ordem burguesa e graças a meios que são típicos da existência do "trabalho livre") e, mais tarde, na luta pela conquista da hegemonia social e do poder político. A literatura socialista tem negligenciado a relação do proletariado com a primeira revolução (o único grande teórico marxista moderno que dedicou atenção séria ao assunto foi Lenin), embora, no plano prático, principalmente nos países capitalistas "atrasados" ou "subdesenvolvidos", vários partidos de esquerda, e particularmente os partidos comunistas, tenham conferido à revolução burguesa o caráter de objetivo central. A falta de maior rigor teórico levou, assim, a erros políticos estratégicos. Tudo isso é tão verdadeiro que, nos países nos quais a revolução proletária venceu, os partidos comunistas ou as forças revolucionárias modificaram em tempo a estratégia. Deixaram de separar a burguesia nacional do imperialismo;

reconheceram que as classes burguesas internas não fariam frente às suas tarefas revolucionárias; entenderam que as crises de poder comportavam a coexistência histórica de dois padrões exclusivos de revolução social; e deram a devida prioridade à revolução proletária, percebendo que as massas a apoiariam com entusiasmo. Esses avanços por vezes foram mais ou menos lentos e complicados, pois era preciso pôr à prova as classes burguesas e ver o que, dentro delas, constituía uma força revolucionária real. Onde toda esta evolução não se concretizou, manteve-se a "ilusão constitucional e democrática", nas piores condições possíveis, ficando os proletários e as massas camponesas à mercê dos apetites de *burguesias débeis* e totalmente desinteressadas em aprofundar sua própria revolução, pois isso permitiria abrir espaço político para as massas destituídas e subalternas, bem como acarretaria transformações históricas de consequências incontroláveis. Aqui só interessa, de fato, a relação do proletariado com a sua revolução.

É fácil detectar o que se deve discutir: basta que se atente para o movimento repressivo das "forças da ordem". Estas se voltam, com igual furor, contra as condições de organização e de desenvolvimento independente dos proletários como e enquanto classe; contra os sindicatos e os partidos proletários ou identificados com o proletariado, que desenrolem (ou pareçam desenrolar) uma propaganda política revolucionária. O movimento repressivo ataca, portanto, nos dois níveis centrais a posição proletária na luta de classes. Qualquer ganho no primeiro nível oferece à burguesia a vantagem de uma debilitação estrutural e prolongada das classes destituídas e subalternas. Estas são confinadas à "apatia", ou seja, não encontram na ordem capitalista condições para a própria constituição e fortalecimento como classe independente. Por aí se verifica o quanto a "apatia das massas" é um produto político secretado pela sociedade capitalista e manipulado deliberadamente pelas classes dirigentes. Qualquer ganho no segundo nível permite à burguesia reduzir o alcance e os ritmos históricos da luta de classes, porque se *quebra,* de uma forma ou de outra, a espinha dorsal do movimento proletário – a sua vanguarda de classe e política. É preciso que se entenda que existe uma relação dialética entre os três objetivos principais da luta de classes (conforme foi mencionado acima, através da citação e comentário do *Manifesto do Partido Comunista).* A intervenção no nível mais dinâmico e fluido das atividades sindicais e partidárias produz ganhos reais quanto ao grau de consciência revolucionária do proletariado e de sua solidariedade política ativa. O que quer dizer que a intervenção, nesta área, visa diretamente impedir ou solapar os riscos que a atividade revolucionária do proletariado possa acarretar para a "supremacia burguesa" (isto é, para a dominação de classe da burguesia) e eliminar ou reduzir, tão drasticamente quanto possível, os conflitos de classes que possam engendrar crises muito profundas e aproximar as classes destituídas e oprimidas da conquista do poder.

Uma coisa deve ser salientada em discussões atuais. Não estamos mais no "ambiente pioneiro" dos primeiros processos de industrialização. Nem a *via inglesa* nem a *via francesa* podem mais ser tomadas como modelos: a mudança social espontânea não produz mais os mesmos efeitos. E isso não só porque a burguesia já aprendeu a receita e pode impedir no nascedouro muitas transformações importantes para as classes trabalhadoras. Mas, também e principalmente, porque existe um forte componente universal de pressão contrarrevolucionária nas reações burguesas autodefensivas: *esmagar enquanto é tempo* vem a ser a receita primária, mas eficaz, que tem sido posta em prática nos tempos atuais. Esse esmagamento sistemático produz um proletariado anêmico e que tem fraca base estrutural para movimentar a luta de classes. Torna-se um "inimigo débil", fácil de ser encurralado ou, como se diz, "fácil de contentar". E o esmagamento se faz a partir de muitas tenazes, que visam pulverizar ou fragmentar as classes trabalhadoras, no campo e nas cidades. Essas tenazes vão da manipulação das leis, da polícia militar e dos tribunais de trabalho aos quadros de dirigentes sindicais e partidários (ideologicamente perfilhados à burguesia e politicamente presos às compensações da ordem), ao controle estrito (ideológico e político) dos sindicatos e partidos operários e à atuação do aparelho estatal. No fundo, é "natural" para a burguesia ser e afirmar-se como uma classe: ela dispõe da ordem legal e nega a condição de classe como um "fator de distúrbio", de "insegurança" ou de "desunidade". Com isso, a condição de sua existência como classe tende a converter-se na condição de eliminação, alinhamento e capitulação passiva das outras classes. Tais alterações históricas mostram que os sindicalistas, os socialistas, os anarquistas e os comunistas precisam devotar uma atenção mais séria e concentrada às novas formas de mudança social deliberada, que precisam ser postas em prática no presente, *se se pretender realmente galvanizar o movimento de constituição do proletariado como classe independente e intensificar o seu desenvolvimento como tal*. A burguesia tomou a dianteira em muitas esferas, através dos movimentos em que se envolvem o trabalho social e o serviço social como "fator de equilíbrio da ordem" e de consolidação da "autonomia comunitária". Propalam-se os objetivos da cultura cívica generalizada, da mobilização popular e da participação ativa dos *carentes* na solução de seus problemas. Mas deixa-se na penumbra o fato de que os "carentes" não têm como equacionar os seus problemas e resolvê-los no seio de uma sociedade capitalista. A saída seria a de deixar de ser "carente" através da proletarização e da luta de classes, forçando-se o revolucionamento da ordem democrático-burguesa até seus limites e a destruição revolucionária dessa ordem, dependendo da situação histórica concreta. Para isso, o movimento sindical e os partidos proletários têm de libertar-se de certas vias tradicionais, que privilegiam a mudança social espontânea, o crescimento gradual e o aburguesamento da luta de classes. A burguesia põe em prática uma estratégia de luta global. Os proletários devem fazer o mesmo, pois não têm a seu favor os efeitos indiretos da revolução nacional e da revolução democrática do período em que as utopias burguesas possuíam alguma consistência histórica.

Tal estratégia global é muito difícil de ser explorada e concretizada em níveis de intensidade crescentes por proletariados jovens de países da periferia do mundo capitalista, nos quais a contrarrevolução burguesa é mais dura e por vezes ditatorial. Pelo menos a fábrica, o sindicato, o local de existência da família e uma parcela da cidade, com alguma forma de organização partidária e de pressão direta sobre o Estado, podem ser mobilizados de forma permanente. A constituição do proletariado como classe independente abrange, hoje, toda essa irradiação estrutural e dinâmica. Ao contrário do que ocorria quando os proletários europeus não constituíam uma classe e estavam no vir-a-ser da classe, hoje impõe-se um mínimo de poder real como ponto de partida. Não o *poder do sindicato* ou o *poder do partido,* como sucedâneos ou poder mediado, mas o *poder intrínseco à classe,* análogo ao que serve à burguesia para armar, manter e reproduzir sua dominação de classe e seu controle direto e indireto sobre o Estado. A violência da repressão, inerente à contrarrevolução burguesa prolongada, exige essa *forma elementar de contrapoder,* sobre a qual terá de se sustentar o crescimento orgânico do proletariado como classe independente em escala nacional. Esse movimento básico tem naturalmente de encontrar apoio nos sindicatos e nos partidos operários. Mas estes não podem fomentá-lo e dirigi-lo, porque também dependem da sua existência para ganhar autonomia, crescer e incorporar-se a uma dinâmica mais avançada e madura de luta de classes. O que quer dizer que o raio de ação direta prévio à organização e ao desenvolvimento autônomos da classe trabalhadora ampliou-se e complicou-se. De uma perspectiva antropológica e sociológica, pode-se dizer que aí está, nos dias que correm, o ponto zero da evolução das classes trabalhadoras. Só depois que essa atividade direta produzir certos frutos e um patamar de amadurecimento médio, a classe pode deslanchar sem que seja permanentemente pulverizada e esmagada pela pressão burguesa "espontânea", "legal" e "organizada". O contrapoder operário, nessa evolução, se diferenciará e crescerá, convertendo-se por fim, quando a classe assumir os contornos morfológicos e dinâmicos de uma *classe em si* (no sentido de Marx e de Engels), na natureza de um *poder real*, suscetível de operar como um contrapeso ao poder burguês e de conferir aos proletários e suas organizações a base social e política para movimentar livremente a luta de classes em todas as direções estratégicas (que vão dos embates contra a supremacia burguesa às pugnas pela conquista do poder).

É preciso entender: não se trata de "subestimar" sindicatos e partidos operários. Ao contrário, trata-se de estabelecer um patamar histórico a partir do qual *eles poderão funcionar para os trabalhadores, não para a ordem existente*. Sem a existência de um proletariado constituído como classe independente, não haverá sindicatos e partidos operários independentes (e se eles o forem, isso não alterará ou alterará muito pouco a situação, já que os interesses de classe da burguesia estarão sempre presentes para atrofiar as classes trabalhadoras, ou seja, para atrofiar os sindicatos e os partidos operários). No entanto, as diversas formas de união ativa e de organização do proletariado são essenciais não só para a luta de classes, mas, principalmente, para que a classe em si possa evoluir e afirmar-se como classe em si e para si (isto é, tornar-se uma classe com tarefas revolucionárias). Os sindicatos e os partidos operários ainda são as organizações mais ativas e eficientes, em escala nacional, na luta de classes do proletariado. Não obstante, eles só contam com uma cena histórica apropriada quando a luta de classes propõe, ainda que defensivamente, a redução da supremacia burguesa por parte das classes destituídas e subalternas. A partir daí, juntam-se duas coisas decisivas: os proletários secretam uma vanguarda própria e esta pode lançar-se na luta de classes sem todas as inibições burguesas; de outro lado, o exemplo dessa vanguarda arrasta à luta de classes o grosso do proletariado e comove outros setores de classes, como os camponeses pobres e alguns segmentos dissidentes das classes médias. O marco político de luta se alarga e se aprofunda – e a massa que se mobiliza contra a ordem burguesa deixa de ser tão somente uma massa proletária.

É nesse nível histórico do desenvolvimento da luta de classes que algumas organizações operárias, o sindicato e o partido, principalmente, ganham relevo ímpar, seja no plano econômico e social, seja no plano político. A marcha para a constituição da classe em si deverá estar bastante avançada para exigir uma clarificação revolucionária da consciência proletária e para justificar técnicas especificamente ofensivas de fricção e de combate políticos. O sindicato possui um âmbito de ação que permite revolucionar simultaneamente a relação do operário com o trabalho, a empresa e a dominação econômica da burguesia, direta ou por via do Estado. As greves constituem o caminho por excelência da aprendizagem política inicial e o primeiro patamar no qual a classe em formação ou em desenvolvimento independente demonstra a sua vitalidade e a sua capacidade de passar da "guerra civil oculta" para a "guerra civil aberta". Os teóricos do sindicalismo revolucionário exageraram o papel criador da greve (sob a forma de greve geral). Não obstante, a greve geral permite romper as barreiras do *economismo*, da greve puramente reivindicativa e contida dentro da ordem, e constitui um terreno fértil de educação do proletariado para os alvos políticos mais importantes da luta de classes. Nem sempre ela pode ser um chamamento para a insurreição, pois isso depende de uma crise de poder relativamente geral e profunda, mas ela sempre provoca alterações decisivas, desde as que dizem respeito à disciplina operária, ao emprego maciço de técnicas elaboradas de agitação e de propaganda, de recrutamento e promoção de quadros combativos etc., até as que dizem respeito à própria superação do sindicalismo pelo transbordamento da atividade grevista, à criação de vínculos de solidariedade dentro da classe trabalhadora como um todo e com outras classes assalariadas, à ativação dos partidos operários e, por fim, *à reeducação* da burguesia ou, pelo menos, ao redimensionamento das "atitudes autoritárias" e dos comportamentos egoísticos dos estratos dirigentes das classes dominantes.

O grau dentro do qual os partidos operários aproveitam (ou deixam de aproveitar) toda essa fermentação criadora depende da fluidez dos sindicatos diante da atividade dos partidos operários e, principalmente, da própria identificação revolucionária dos partidos operários diante da luta econômica, social e política para abalar ou reduzir a supremacia burguesa e para vincular sempre a luta de classes à conquista de poder pelo proletariado. A formação de modelos mais ou menos rígidos prejudicou tanto os sindicatos quanto os partidos; aqueles privilegiaram demais *a luta reivindicativa,* o reformismo gradual e as "conquistas democráticas", pelo fascínio de exemplos europeus e estadunidense; os últimos, por sua vez, "autonomizaram" demais a centralização de comandos políticos tidos por *revolucionários* (mas sem relação evidente com situações revolucionárias concretas, ao contrário!), graças a uma cópia errada do bolchevismo na sua fase de apogeu. Porém, foram os partidos que sofreram com maior violência a repressão da ordem e, por isso, eles refletiram de modo mais concentrado a necessidade de autoproteger-se e de atacar com cuidado. Nessa evolução, o exemplo soviético deixou de ter qualquer valor e os partidos operários mais congruentes foram levados, ou à acomodação passiva com a burguesia, ou à prioridade indiscutível do partido sobre a classe. Nessas circunstâncias, o socialismo e o comunismo, particularmente, deixaram de ser um concomitante estrutural e dinâmico do crescimento do proletariado como classe. Os partidos voltaram-se para o proletariado, mas sua ótica não era nem socialista nem comunista: em vez de buscarem, por todos os meios, favorecer a constituição e o desenvolvimento independente do proletariado, tenderam a converter a classe proletária numa espécie de presa política e de massa de manobra. Com isso, resolviam seus problemas práticos, de relacionamento com a ordem e de resposta à intimidação das classes possuidoras e seus círculos dirigentes. Por curioso que pareça, essa técnica adaptativa foi produtiva sob alguns aspectos, pois retirou vários segmentos das classes trabalhadoras da apatia forçada e do isolamento político.

Sob uma estratégia global de luta de classes, impõe-se alterar essa relação do partido operário com a classe trabalhadora e com a sociedade. A contrarrevolução prolongada atinge cada vez mais fundo a consciência proletária e a solidariedade ativa do proletariado na luta de classes. A pressão se faz no sentido da neutralização, da "mobilização democrática" e "pacífica". Ora, só os partidos operários possuem condições de propagar o socialismo e o comunismo no interior das classes destituídas e oprimidas. Não basta o crescimento do proletariado, em números e em privilégios relativos, e o fortalecimento do sindicalismo como "corporação" (está aí o exemplo estadunidense para o mostrar!). É preciso que a expansão das classes trabalhadoras seja acompanhada da *proletarização política revolucionária,* isto é, engendre um movimento político que mude a relação dos proletários com a ordem e sedimente a luta de classes, dimensionando-a à conversão da revolução dentro da ordem em uma revolução contra a ordem. Esse produto não nasce (nem poderia nascer) de qualquer "espontaneísmo" operário. Ele precisa ser visado de modo explícito, pois a luta de classes precisa ser orientada em sua direção de forma por assim dizer planejada. Em um momento em que a burguesia pretende eliminar todas as outras *filosofias políticas,* impondo à sociedade (e portanto aos trabalhadores em geral) a "filosofia da livre empresa", o grau de saturação socialista e comunista da consciência proletária e do comportamento político do proletariado constitui a única garantia efetiva de que a luta de classes corresponderá, do lado proletário, aos ideais de extinção do capitalismo e de eliminação das classes. Acresce que a dominação burguesa, sob o capitalismo monopolista da era atual, possui dois polos desiguais, sendo que o polo externo e imperialista possui um poder de pressão contrarrevolucionária muito mais forte. Em vez do frenesi por puras palavras de ordem contra o imperialismo, é necessário educar politicamente os proletários para distinguir a sua revolução da revolução burguesa e para *querer algo coletivamente:* a transformação socialista da sociedade. O socialismo não transforma o mundo: são os proletários identificados com o socialismo revolucionário que o fazem!

Parece claro que a vitória do socialismo não simplificou nem facilitou por enquanto a trajetória da revolução proletária nos países capitalistas, tanto no centro quanto na periferia. Uma reflexão comparativa sugere que as recomendações práticas do *Manifesto do Partido Comunista* continuam atuais, pelo menos na periferia e em países em desenvolvimento industrial (onde os proletários mal estão surgindo ou lutam com dificuldades entranhadas de passar da primeira para a segunda fase da constituição do proletariado como classe). Na situação histórica atual, porém, não só o consumo de massa e a classificação pelo emprego (num exército de deserdados) alteram o contexto da constituição do proletariado; as pressões externas da sociedade atuam de modo camuflado para identificar os destituídos e os oprimidos com as ilusões democráticas e constitucionais, para envolvê-los na trama da dominação burguesa e da lealdade ao Estado burguês. O *aburguesamento* dos oprimidos e dos deserdados constitui uma força atuante e multifacetária, que precisa ser combatida frontalmente. E isso tem de ser feito através da proletarização da consciência das massas, muitas vezes sem contar com uma base material e social de classe suficientemente sólida. A contrarrevolução não deixa tempo à revolução. Ou os proletários são ganhos para a luta contra a ordem ou a ordem se reproduz graças a uma violência ultrarrefinada e concentrada, que a contrarrevolução manipula com eficácia. Esse dilema é tão complexo que preferi mencioná-lo no fim (e não no início deste pequeno capítulo). Não há como se evadir ao dilema. Tampouco é possível alterar a ordem natural das coisas, a marcha da constituição da classe, a evolução da luta de classes e a natureza dos papéis revolucionários do proletariado. Pode-se pensar, alternativamente, numa mudança de estratégia política. Incentivar os próprios proletários a sentir a necessidade de *antecipar* a demonstração (ainda que somente negativa) de seu contrapoder e reexaminar o modo pelo qual a ótica socialista e a ótica comunista têm sido usadas na saturação do horizonte cultural (para não falar de novo e diretamente da consciência revolucionária) do proletariado. Entretanto, é aqui que reside o ponto de estrangulamento. Os partidos socialistas avançaram, em sua grande maioria, em direção a uma defesa do "socialismo democrático" que colide com a substância socialista da revolução proletária. Eles se tornam, crescentemente, o setor ultrarradical da burguesia. Por sua vez, a ótica comunista voltou-se demais para as funções revolucionárias do partido e deixou um imenso vazio histórico nas suas relações dialéticas com o proletariado e com a dinamização proletária da luta de classes (mantendo-se em suspenso o que pode suceder com a social-democratização de alguns partidos comunistas contemporâneos).

Certas circunstâncias variáveis de país a país poderão permitir uma coexistência ativa de todos os setores da esquerda. Mas será uma confraternização tática e transitória. O momento de uma unificação construtiva e permanente ainda parece longínquo e está dependendo do modo pelo qual os países em transição para o socialismo enfrentarão o estágio ulterior de implantação do comunismo. Nesse intervalo histórico, a burguesia ganhará uma vantagem decisiva. Além de dividir os que deviam facilitar a concentração política das forças da revolução, pela lógica das opções e das alianças, se beneficiará com o apoio tácito ou a retração das parcelas das forças da revolução que resvalaram para posições substancialmente contrarrevolucionárias. A principal perda, nessa evolução, é facilmente localizável: a difusão do socialismo e do comunismo sofre cisuras e abalos no seio das classes trabalhadoras. À tentativa de esmagamento do proletariado como classe, sempre presente na ótica burguesa e agora mais ativa graças à contrarrevolução prolongada, soma-se uma negligência cega dentro das esquerdas quanto à qualidade da revolução proletária. *Começa-se e depois se verá,* essa norma movimentou alguns avanços no "elo débil"; mas não pode ser convertida em norma geral ou em princípio unificador da revolução proletária. O desenraizamento do proletário se alicerça em suas condições de trabalho e de existência. Todavia, há uma distância muito grande entre um proletariado "idealmente" desenraizado e um proletariado revolucionário. A eficácia do cerco capitalista, não só das revoluções proletárias vitoriosas, mas também de todas as revoluções proletárias possíveis, se funda no conhecimento dessa distância e no aproveitamento de tal conhecimento no "controle da mudança social revolucionária".

Temos, no conjunto, um quadro global que deve ser enfatizado. A contrarrevolução burguesa atreve-se a ir mais longe (e precisa fazê-lo, para resguardar-se de um risco mortal); a revolução socialista marca passo, avançando com prudência e em oscilações cujos fatores determinantes se encontram nas próprias debilidades conjunturais do capitalismo mundial. O que quer dizer que é a evolução *natural* da sociedade de classes que pontilha o gradiente das revoluções proletárias. Onde surge uma situação revolucionária, surge também a oportunidade histórica para acelerar a rebelião das classes subalternas e oprimidas, dinamizar a luta de classes e jogar os partidos revolucionários na crista da onda. Esse quadro de conjunto já não faz jus ao poder relativo dos "países socialistas". E ele não oferece muitas perspectivas a países que já contam com um regime de classes relativamente diferenciado e avançado. Por isso mesmo, chegou o momento para pensar-se em uma estratégia global, que redefina pelo menos a relação de partidos socialistas revolucionários e de partidos comunistas com a constituição do proletariado como classe, o deslocamento ou a aniquilação da supremacia burguesa e a conquista do poder político pelo proletariado. Seria preciso passar-se do "aproveitamento de oportunidades históricas" para *a criação de oportunidades históricas*. Numa evolução deste tipo, a própria aceleração do movimento político do proletariado seria um fator de radicalização crescente da revolução. O socialismo e o comunismo não são "promessas de uma geração", como gostam de pronunciar-se alguns acadêmicos estadunidenses. Eles constituem a alternativa que os proletários possuem à ordem capitalista existente. Desde que eles descubram isso e se devotem com firmeza, coletivamente, ao propósito de converter a alternativa em realidade, o capitalismo das grandes corporações e do imperialismo onipresente estará condenado.

5. Revolução nacional ou revolução proletária?

A grande maioria dos países de origem colonial sofreu um desenvolvimento capitalista deformado e perverso. Muitos não lograram ter um desenvolvimento agrícola entrosado com o desenvolvimento urbano interno e poucos conseguiram um patamar de desenvolvimento industrial capaz de alimentar a formação de um proletariado industrial relativamente denso. Como consequência, não conheceram as reformas típicas da revolução burguesa, descrita por muitos historiadores como revolução agrícola, revolução urbana, revolução industrial, revolução nacional e revolução democrática. Essas cinco transformações se encadearam entre si – o exemplo "clássico" mais citado é o da Inglaterra; mas também se consideram como tal os da França e dos Estados Unidos (neste, as sequelas da origem colonial iriam se manifestar principalmente na concentração regional do desenvolvimento, na segregação, discriminação e preconceitos sociais, étnicos e nacionais e no fechamento do sistema democrático a duas opções controladas pelas elites das classes dominantes). Outros países de burguesias mais ou menos débeis e articuladas a aristocracias poderosas ou a burocracias influentes conduziram a transformação capitalista a níveis igualmente altos, compensando o poder econômico, social e político da burguesia pela centralização política, como aconteceu, de formas distintas, na Alemanha e no Japão – e produziram grandes manifestações dos tempos modernos da civilização industrial capitalista. Os povos de origem colonial ou não partilharam dessa evolução do capitalismo, ficando à margem das verdadeiras vantagens dessa civilização, ou participaram dela como colônias, semicolônias e nações dependentes, o que gerou várias formas de desenvolvimento capitalista *controlado de fora e voltado para fora,* no sentido de que as estruturas e os dinamismos de suas economias e de suas sociedades estavam sempre nucleados a centros externos, que exerciam ou pelo menos compartilhavam do comando da exploração capitalista. Alguns desses países de origem colonial conheceram o não desenvolvimento, outros o subdesenvolvimento, e todos tiveram enormes parcelas da riqueza *na-*

cional transferidas para o exterior, alimentando o esplendor do florescimento do capitalismo na Europa e nos Estados Unidos (ou no Japão).

A revolução burguesa constituiu um problema para esses países. O sistema de produção não era bastante diferenciado e dinâmico para servir de base a uma diferenciação pronunciada do regime de classes. Suas burguesias ou eram "burguesias compradoras" ou eram burguesias demasiado fracas para arcar sozinhas com o peso econômico, a responsabilidade social e os riscos políticos inerentes à revolução burguesa. Em vários deles a tentativa de "acelerar" a transformação capitalista pôs a descoberto as debilidades das classes burguesas internas e a oposição do imperialismo, isto é, a resistência severa das classes burguesas externas em permitir modelos de desenvolvimento capitalista de tipo independente (isto é, que escapassem ao colonialismo, ao neocolonialismo e à dependência em sentido restrito ou específico). Em consequência, movimentos revolucionários que se solidarizavam com as burguesias "nacionais" se descartaram delas e realizaram vários tipos de revolução que escapavam, simultaneamente e em grau variável, do controle imperialista e do modelo de desenvolvimento capitalista. Algumas das principais *revoluções proletárias* de nossa época têm essa origem e a opção pelo socialismo se deu exatamente para enfrentar e resolver os problemas e os dilemas sociais que o capitalismo colonial, o capitalismo neocolonial e o capitalismo dependente não se colocam (nem podem se colocar).

Essa evolução conduziu os países capitalistas centrais a uma alteração estrutural nas suas relações com a parte da periferia com maiores potencialidades de desenvolvimento capitalista: eles forjaram uma transformação capitalista na qual a burguesia internacional desempenhava uma função equivalente à da aristocracia e à da burocracia nas *vias "alemã" e "japonesa"*. Ficava faltando um Estado fortemente centralizado e "absoluto", o que se conseguiu recorrendo-se à militarização das estruturas políticas estatais e a uma articulação política entre o setor militar, o setor empresarial e as classes burguesas externas (estas entendidas como uma composição dos interesses da dominação externa, que hoje se chama de imperialismo, e que envolvem as grandes corporações multinacionais, os Estados capitalistas hegemônicos e sua superpotência, e todas as classes, nos referidos países, que tinham razões para defender as vantagens proporcionadas pela apropriação e o rateio do excedente econômico dos países capitalistas dependentes). Por conseguinte, as ditaduras "salvadoras" e "modernizadoras" não camuflavam, apenas, um arranjo do tipo que as "burguesias compradoras" costumavam e costumam fazer. Elas exprimiam a constituição de um Estado burguês que não era *democrático,* mas sim *autocrático,* e que devia tirar a crônica crise do poder burguês na periferia de seu perigoso ponto morto. Desse modo, revoluções burguesas em atraso ganharam a cena histórica, mas elas surgiam destituídas da maioria das funções e tarefas revolucionárias ou reformistas que cercam os "casos clássicos" e suas "versões atípicas". Tudo se passava como se o objetivo central se restringisse, em médio prazo, em criar para a burguesia interna e para as burguesias externas um modo de aprofundar, *com segurança,* a transformação capitalista na esfera econômica, transferindo para um futuro incerto o atendimento de outras transformações que não poderiam ser realizadas de modo concomitante.

Esse resumo não é completo nem poderia ser. Ele apenas situa alguns fatos crus, essenciais para um debate atual da orientação que deve ser imprimida à estratégia da luta de classes na periferia, em países que contam com desenvolvimento industrial de certo porte. Em nome do "combate ao imperialismo" ou da "democratização interna" (ou de ambas as coisas), devem as classes destituídas e oprimidas dar apoio direto aos "setores nacionalistas da burguesia", batendo-se assim ao lado das "forças mais avançadas" das classes dominantes pelo *aprofundamento da revolução burguesa?* Tal debate não é novo, no Brasil e em quase todos os países da América Latina; e ele empolgou a vida política brasileira através do chamado desenvolvimentismo. Não pretendo fazer as ideias caminharem para trás. Por isso, acho desnecessário criticar os erros que foram cometidos no passado recente (esse erros deveriam ser analisados pelos partidos e grupos orgânicos que os cometeram, na hipótese inverossímil de que não queiram recair neles). Para mim, o ponto central do debate está numa escolha que não pode ser feita por socialistas de posição revolucionária e por comunistas: revolução nacional ou revolução proletária? Ela não pode ser feita porque ambos estão intrinsecamente comprometidos com a revolução proletária. A única saída *racionalizadora* seria a de saber se "taticamente" seria vantajoso apoiar a revolução nacional, como um expediente para forçar a burguesia a certas concessões, mesmo sob a forma de reformas mais ou menos mitigadas e um fortalecimento indireto do "Estado de direito"; e para "aumentar as contradições" do desenvolvimento capitalista, abrindo cunhas entre um setor mais progressista da burguesia interna e outro mais retrógrado, e entre ambos e o imperialismo. Essa saída também constitui um expediente para as "forças da esquerda", na medida em que estas deixam de cumprir suas tarefas políticas específicas e, em vez de enfrentarem corajosamente sua debilidade, buscam no biombo da revolução nacional uma forma equívoca e evasiva de ilusão constitucional.

Na verdade, o que se pôs em prática foi um típico comportamento de *cauda da burguesia,* porém destituído de lógica política proletária. Em dadas circunstâncias, nas quais os proletários não podem ousar ou nas quais o máximo que podem pretender é a condição de cauda de uma classe social hegemônica, não há mal em travar batalhas por ganhos muito pequenos. Ora, essa não era a situação que se estabeleceu no Brasil em seguida à Segunda Grande Guerra. Se se pusesse em primeiro plano a luta pela consolidação do proletariado como e enquanto classe, a área de conflito real com a burguesia seria pequena e a força da causa proletária, muito maior. Haveria uma acumulação de forças através do desenvolvimento da classe e, como consequência, a formação concomitante de um espaço histórico, que tenderia a crescer através do próprio uso (isto é, pela manifestação dos conflitos de classe). Assim, seria possível formular o *apoio à burguesia* em termos propriamente proletários: não dos interesses de determinadas facções da burguesia, mas de defesa combativa do aprofundamento de certos níveis da revolução burguesa. A reforma agrária, a reforma do sistema de saúde e do sistema de educação, o caráter da revolução nacional e a democratização dos direitos civis e políticos estavam entre tais níveis. Como ensina o *Manifesto do Partido Comunista,* a linha tática teria de definir-se mediante exigências socialistas: é muito difícil para um proletariado em formação entender alianças táticas se as reivindicações não forem feitas através de uma linguagem proletária e sem qualquer subterfúgio. É óbvio que muitas reivindicações podem ser formuladas através de várias linguagens e que o radicalismo burguês, se existisse aqui um radicalismo burguês autêntico, permitiria apresentar reivindicações análogas quase sem variação de forma. Não obstante, o que as classes dominantes deixam crescer como problemas e dilemas sociais e se descuidam de resolver através de dinamismos da ordem, é suscetível de receber uma atenção combativa das classes trabalhadoras e de constituir reivindicações de conteúdo socialista e para atendimento imediato. Tais exigências, se fosse levado em conta o que a omissão das classes dominantes e de seus setores dirigentes significava para os ritmos da revolução burguesa, teriam de ser toleradas e várias delas, provavelmente, poderiam ser atendidas. Uma tática dessa natureza, além de não lançar confusão nos grupos de vanguarda e nas massas populares, favoreceria um isolamento político crescente das facções mais antidemocráticas e reacionárias da burguesia e, quando menos, ajudaria a quebrar o monolitismo das classes dirigentes. O próprio imperialismo teria uma base menor de manobra, pois teria de se defrontar com uma burguesia que levaria em conta a sua relação pelo menos com parte das classes trabalhadoras.

O que exige reflexão, contudo, são os custos políticos de uma manobra desse gênero. Para que ela pudesse concretizar-se sem leviandades seria necessário investir muito tempo em produção intelectual, em propaganda, em difusão da palavra de ordem e em mobilização de aderentes e simpatizantes. Dada a situação histórica, seria essa uma escolha avisada e prudente? Alternativamente, não seria melhor investir tanto talento, energias e esforços no aprofundamento *em duas frentes* da luta de classes? Isso não levaria a ignorar a revolução burguesa e, ao contrário, implicaria em uma análise muito instrutiva das debilidades orgânicas e históricas das classes dominantes e do que se ocultava por *trás de seu pró-imperialismo crônico*. Tomando-se em conta casos similares, portanto de países de origem colonial e de economia capitalista dependente, tal análise mostraria o que o controle global das classes possuidoras no Brasil exigia delas: que elas só aprofundassem a revolução burguesa em função de seus interesses de classe, o que excluía de seu horizonte de ação política organizada e coletiva o expurgo do particularismo, do egoísmo e da cegueira que as levou a congelar a descolonização; que mantivessem a democracia como fórmula ritual e um expediente de concentração do poder político estatal nas mãos dos setores dirigentes da burguesia; que procrastinassem a revolução nacional, que deslocaria o grosso dos recursos da Nação das funções diretamente capitalistas no Estado para funções de interesse geral; e, por fim, no conjunto, que procurassem com afinco no imperialismo os recursos e os meios que permitissem compensar suas debilidades estruturais e históricas, sob a miragem de que, com suficiente apoio externo, seria possível "queimar etapas" pela aceleração do desenvolvimento capitalista e pela modernização intensiva. Se um painel desses se desdobrasse aos olhos dos dirigentes dos partidos de esquerda e se ele se traduzisse em medidas práticas de sentido proletário, é óbvio que a mobilização não se faria para fomentar *slogans,* mas para levar as pequenas forças organizadas das classes trabalhadoras e das massas populares a uma luta política coerente do pouco que restava (ou poderia restar) à revolução dentro da ordem (uma maneira correta de descrever o modo pelo qual os proletários e seus partidos podem empenhar-se no alongamento e no aprofundamento da revolução burguesa).

Mesmo que se tome uma posição firme e exigente diante do assunto, é claro que um partido proletário não pode se situar diante da revolução nacional como se ela fosse a antecâmara da revolução proletária (como se se pudesse passar de uma a outra, de tal modo que a consumação da revolução nacional dentro do capitalismo fosse uma etapa necessária e prévia da revolução proletária). O que fortalece a burguesia e consolida o capitalismo automaticamente torna mais remota e difícil a revolução proletária. Por essa razão, a revolução dentro da ordem não é um objetivo intrínseco ao movimento proletário. O proletariado não poderia pretender desempenhar as tarefas revolucionárias da burguesia e funcionar como um fator de compensação histórica. Isso seria pueril. A revolução dentro da ordem é meramente instrumental e conjuntural para o proletariado, ligando-se à necessidade histórica de proteger e acelerar a constituição da classe como classe em si, capaz de tomar em suas mãos o seu desenvolvimento independente. A partir de certo nível, o proletariado força a mudança de qualidade da "guerra civil oculta", exige que as reivindicações socialistas mudem de teor, pondo em xeque a supremacia burguesa e o poder político da burguesia. O que quer dizer que, desse nível em diante, o proletariado terá de hostilizar todas as criações do capitalismo; sua relação com a revolução burguesa mudará de qualidade, porque então passará a importar-se em como passar da "guerra civil oculta" para a "guerra civil aberta", ou seja, a derrubada da ordem e a constituição de uma democracia proletária. Tudo isto é elementar, mas não há mal em repisar o que é elementar! Se a burguesia não dispôs de força econômica ou de ânimo político para atingir os fins tão centrais para ela de levar a revolução nacional até o fim e até o fundo (em termos capitalistas, é óbvio), nem por isso seria essencial pretender abrir por aí uma frente de luta com o imperialismo. Fustigar e desgastar a burguesia de tal forma que ela não pudesse manter-se pró-imperialista seria uma maneira mais inteligente (embora indireta) de combater o imperialismo. Seria um modo de *roubar* a este último os aliados dóceis na periferia e de diluir a base social, econômica e política da incorporação dos espaços periféricos aos espaços centrais. Com uma vantagem evidente: esse tipo de ação revelaria se realmente havia, dentro da burguesia, aliados autênticos (não supostos) para tal evolução política...

Como o problema da revolução nacional como prioridade de certos partidos proletários volta à cena política, é preciso completar o circuito destas digressões. Numa situação em que as "forças da ordem" empunham abertamente a bandeira da contrarrevolução prolongada (tanto nacional quanto mundialmente), seria curioso situar a revolução nacional como uma "frente de luta comum" entre burgueses e proletários. Está comprovado que as burguesias dos países capitalistas dependentes privilegiam a *aceleração* do desenvolvimento capitalista; elas não privilegiam o desenvolvimento capitalista *independente*. Depois dos estudos de Baran, é transparente que essa opção histórica traduz uma prioridade – e não uma prioridade qualquer, uma *prioridade estratégica* para as burguesias da periferia e do centro. Elas estão dizendo aos proletários urbanos e rurais dos países periféricos: *danem-se!* Isto é o que vocês podem obter do capitalismo, nem mais nem menos... Todo o resto sobre "aberturas democráticas", "centros nacionais de decisão", "desconcentração da renda" etc., é pura retórica. A realidade está posta na contrarrevolução prolongada, de amplitude mundial. Ela não se casa com os papéis e as funções que a revolução nacional teve, no passado, nas primeiras versões da revolução burguesa. Hoje, o desenvolvimento do capitalismo não passa pela revolução nacional. Por uma razão simples: onde a revolução nacional constituir uma necessidade histórica (e ela aparece como tal reiteradamente, quase universalmente na periferia), ela terá de opor-se ao capitalismo. As revoluções nacionais *que se atrasaram* são revoluções nacionais que não puderam desatar-se e completar-se dentro e através do capitalismo. Agora, têm de voltar-se contra ele. Isso define a relação recíproca da burguesia com o proletariado no plano mundial: a revolução nacional já não é instrumental para o desenvolvimento capitalista (como diriam os sociólogos estadunidenses, ela se tornou disfuncional para ele) e, por conseguinte, para que a revolução nacional ganhe viabilidade em muitos países periféricos, é preciso que as revoluções proletárias quebrem as amarras de seu estancamento ou paralisação. Os partidos proletários que não dispõem de condições históricas para caminhar nessa direção precisam escolher com cuidado os temas de sua luta política atual.

As condições históricas para caminhar nessa direção não são tão simples a ponto de poderem ser criadas ou fomentadas artificial e superficialmente. No contexto latino-americano, o melhor exemplo, a respeito, é Cuba. Para que o nacionalismo possa assumir uma forma revolucionária e libertária, é preciso que a descolonização não tenha desaparecido na memória viva de todas as classes e que, pelo menos nas classes destituídas e oprimidas, exista uma forte propensão coletiva de buscar, através da revolução nacional, a instauração da democracia, a redenção dos humildes e o desenvolvimento equilibrado e independente. A derrota do centro imperial opressor constitui um objetivo central, mas externo. O essencial é liberar a nação como um todo e eliminar dentro dela todas as sequelas da sociedade colonial, que foram reconstituídas e fortalecidas sob a "sociedade nacional", pelo capitalismo neocolonial. O programa do "Movimento 26 de Julho" respondia de modo íntegro e completo a essa lógica política revolucionária, sem qualquer vassalagem a padrões burgueses europeus obsoletos. Posteriormente, no poder, os guerrilheiros congraçaram *todas as classes* à concretização desse nacionalismo revolucionário e libertário. A burguesia imperialista estadunidense repudiou, como teria de fazê-lo, a oportunidade; a burguesia nacional cindiu-se, mas o grosso sabotou e combateu como pôde o governo revolucionário, até ser expulsa da coligação governamental e converter-se em vítima necessária; os proletários das cidades e do campo apoiaram em massa e entusiasticamente a revolução *desde el poder*, servindo de pião à rápida sucessão do estágio capitalista ao estágio socialista do governo revolucionário. Temos aí um exemplo de uma situação revolucionária que gera uma revolução. O importante é que ela atingiu o seu primeiro apogeu sob palavras de ordem revolucionárias que serviam à burguesia e aos proletários e no âmbito de uma transformação revolucionária que se fundava na nação e não na classe (esta se mobilizou e se dinamizou revolucionariamente graças à comoção provocada pela guerrilha, às vitórias sucessivas dos guerrilheiros e à conquista do poder pelos revolucionários). A questão que se coloca: quantos países da América Latina poderiam contar com uma situação revolucionária análoga? Em quantos países surgiria um grupo de revolucionários com o mesmo talento político, a mesma ousadia e a mesma prudência? Em quantos países da América Latina, em suma, seria possível casar a situação revolucionária com a revolução nas condições atuais? Este questionamento não visa afirmar que "Cuba não se repetirá". Essa resposta é parte do temor dos Estados Unidos e de burguesias nacionais reacionárias diante de *um processo que terá, necessariamente, de repetir-se*, embora sem seguir obrigatoriamente o que alguns chamam de "a via cubana".

Atingimos, com esta conclusão, o que tem de ser enfrentado e resolvido pelos que pensam com a lógica da revolução. O próprio êxito do castrismo e da Revolução Cubana impõe que seja redefinido o caminho da revolução proletária. A contrainsurgência está organizada, a partir dos Estados Unidos, para impedir que a revolução se reproduza da forma como ela ocorreu em Cuba. De outro lado, as burguesias nacionais latino-americanas prepararam-se para enfrentar militar e politicamente a repetição de tal eventualidade. Por fim, da década de 1950 à de 1980 o proletariado cresceu quantitativa e organizativamente em muitos países e seus aliados naturais, os camponeses, saíram ou estão saindo da "apatia condicionada", imposta de cima para baixo pelas classes dominantes. Não existem, por enquanto, situações revolucionárias a não ser em alguns países, e mesmo neles é duvidoso que delas resultem revoluções com êxito se os partidos proletários não se dedicarem à preparação do proletariado para passar da era das contrarrevoluções encadeadas para uma era de luta de classes aberta, organizada e firme. Chegou o momento de dizer adeus a pseudopalavras de ordem revolucionárias. Quase no fim do século XX, é preciso escolher entre a social-democratização da esquerda e a paciente e laboriosa construção das vias históricas da revolução proletária na América Latina. Os que pensam que isso é impossível esquecem que as contrarrevoluções fermentam ódios coletivos e armazenam as energias revolucionárias das classes trabalhadoras e das massas populares. Foi assim na Rússia, foi assim na China, foi assim em Cuba. O nosso caminho poderá ser mais difícil. Ele, porém, não é inviável.

A ideia de que, na era atual, os conflitos deixaram de possuir uma base de classe fermentativa e revolucionária não deve nos levar ao desespero. A negação da ordem é uma função intrínseca à existência do trabalho livre e à reprodução do capital. Os que vendem o trabalho terão, mais cedo ou mais tarde, de se organizar para travar a última luta contra a propriedade privada e a apropriação capitalista. Por aí, a menos que as classes possuidoras e dominantes se lancem à destruição do capitalismo, os conflitos de classe não poderão desaparecer. Eles poderão ser contidos, por algum tempo; e quiçá reprimidos, de forma prolongada. É isso que a contrarrevolução defensiva está realizando, em escala mundial. Mas a civilização industrial se destruirá a si própria se o estágio da propriedade privada e da expropriação capitalista do trabalho não for ultrapassado, preservando-se os avanços que ela logrou obter na esfera da ciência e da tecnologia. São os que vendem o trabalho e são expropriados que podem impedir essa estagnação, que seria involutiva, sob alguns aspectos, e regressiva, em outros (pois hoje se coloca abertamente o preço que isso significará para muitas "minorias", nos países mais avançados, e para as "nações proletárias" em seu todo). O capitalismo monopolista e imperialista dispõe de recursos terríveis e inesgotáveis para levar adiante a opressão e a repressão, ou seja, realizando a defesa violenta do *status quo* dentro de limites que ainda são desconhecidos. Ele não pode impedir para sempre a rebelião interior, que terá de crescer como a semente sob a neve, em último caso, e tampouco poderá obstar indefinidamente o *refluxo histórico* – a influência constritiva dos países em transição para o socialismo, que terão a seu favor, no futuro, quando a implantação do comunismo quebrar a geleira forjada pela *miopia "democrática"*, a força inexorável dos grandes processos históricos. Nesse ínterim, mesmo nos momentos de maior desânimo e incerteza, cabe aos socialistas revolucionários e aos comunistas trabalhar, mesmo na mais dura e cruel incompreensão e clandestinidade, a favor do curso da história e do advento de um novo padrão de civilização. Se a rota certa estivesse realmente fechada para sempre, o mundo capitalista não se mobilizaria de tal modo e com tal furor para conjurar as revoluções proletárias. A contrarrevolução capitalista prolongada demonstra, enfim, que o *Manifesto* ainda está em dia com as correntes históricas, embora fosse preferível dizer, atualmente: PROLETÁRIOS DE TODOS OS PAÍSES, O MUNDO VOS PERTENCE. IDE À REVOLUÇÃO MUNDIAL!

6. Como "lutar pela revolução proletária" no Brasil?

O Brasil contou, ao longo de sua constituição e evolução, com várias situações revolucionárias. Todas foram resolvidas dentro dos quadros da ordem e com a vitória patente das forças sociais conservadoras, que sabem avançar nos momentos de maior risco, para em seguida travar o processo de fermentação social e converter a transformação revolucionária em uma composição política. Esse padrão histórico de controle calculado da mudança social revolucionária não é fortuito nem um traço de inteligência das elites, preparadas para enfrentar suas "responsabilidades políticas". Ele é um produto do congelamento do processo de descolonização, pelo qual uma imensa parte do país ficou excluída, permanentemente, até os dias que correm, das formas sociais organizadas e institucionalizadas dos direitos civis e políticos mesmo em cidades médias e grandes, de áreas desenvolvidas. A proletarização, quando surgiu como processo histórico recente, vinculado à lenta generalização do trabalho livre, foi condenada a ter repercussões maiores apenas em âmbito local ou regional, cabendo a algumas cidades de grande porte a função de servir como amaciadores e câmaras de compensação, contendo assim os conflitos de classes dentro de seus muros e segregando o proletariado em formação e expansão física do resto da "população pobre". Tornou-se fácil, assim, concentrar socialmente o poder de controle policial-militar, jurídico e político sobre a sociedade e afunilar os ganhos produzidos pelos vários surtos sucessivos do desenvolvimento capitalista. A composição das classes possuidoras e dominantes alterou-se continuamente, mantendo-se, porém, uma mentalidade de elite dirigente organicamente senhorial e colonial. Os dinamismos gerados pelo capitalismo e suas transformações podiam, portanto, ser postos a serviço dessa mentalidade, provocando efeitos devastadores sobre a constituição e o desenvolvimento do regime de classes e da ordem social competitiva correspondente. O *Estado de direito* tornava-se uma presa fácil de setores dirigentes das classes dominantes, empenhados em "impedir a anarquia da sociedade", em tratar todos os problemas sociais "como casos de polícia" e em refazer as técnicas pelas quais a apatia provocada e o "fatalismo" conformista podiam ser produzidos na escala das exigências da situação. No passado remoto e recente, a norma era: *o escravo é o inimigo público da ordem;* nos tempos modernos, a norma tornou-se: *o colono, o camponês e o operário são o inimigo público da ordem.* Portanto, uma forma ultraviolenta de despotismo aberto superpôs-se à constituição do regime de classes e preservou um padrão neocolonial de sociedade civil, pelo qual a democracia é uma necessidade e uma regalia dos que *são gente.* Quando chegamos perto de enterrar de uma vez essa herança senhorial, os estratos civis e militares dirigentes das classes dominantes recorreram a uma contrarrevolução prolongada, reconstruindo pela força bruta o mundo de seus sonhos.

Esse também era o mundo dos sonhos das "nações capitalistas amigas", numa fase em que o capitalismo financeiro leva suas formas de produção, de mercado e de consumo para as "nações estratégicas" da periferia. Não é o caso de retomar, aqui, uma análise que já fiz em outros trabalhos. O que interessa são as implicações dos processos econômicos, sociais e políticos relacionados com essa transformação recente, pela qual o Brasil se viu incorporado às estruturas e aos dinamismos das economias capitalistas centrais e ao seu sistema de poder. Os últimos vinte e cinco anos compreendem uma ampla transferência de capitais, tecnologia avançada e quadros empresariais técnicos e dirigentes, pela qual a economia e a sociedade brasileiras foram *multinacionalizadas,* através de uma cooperação organizada entre capitalistas, militares e burocratas brasileiros com a burguesia mundial e seus centros de poder. O Estado burguês converteu-se numa ditadura civil-militar e promoveu a centralização de poder que iria garantir a base econômica, a estabilidade política e a segurança dos investimentos na escala requerida pelo imenso "negócio da China" em que se tornou a internacionalização dos recursos materiais e humanos do Brasil. O que interessa ressaltar nesse quadro global? Primeiro, a relação siamesa entre a burguesia nacional e a burguesia externa, que não são mais divididas e opostas entre si quando o capitalismo atinge o seu apogeu imperialista e a divisão mundial do trabalho deixa de operar como um fator de especialização econômica. Segundo, a universalidade de processos de autodefesa agressiva do capitalismo, que vai do centro para a periferia e exacerba-se nesta, onde o regime de classes não pode funcionar com flexibilidade suficiente para preservar certos fluxos democráticos da República burguesa. Terceiro, a drenagem de recursos materiais e de riqueza da periferia por meio de mecanismos mais complexos, implantados diretamente nas estruturas mais dinâmicas e produtivas das economias periféricas estratégicas, e a institucionalização de uma taxa de exploração da mais-valia muito mais alta, criando para o proletariado um sério dilema econômico (na verdade, sob certos aspectos, o proletariado dessas economias assimila-se às "minorias" raciais, étnicas e nacionais dos países centrais quanto à expropriação econômica). Quarto, um agravamento súbito mas persistente de tendências crônicas do desenvolvimento desigual e combinado, pois a modernização intensiva e a industrialização maciça são "internacionalizadas", isto é, voltam se para as estruturas e os dinamismos das economias capitalistas centrais e suas posições de interesses na economia mundial, o que faz com que seu impacto sobre o crescimento do mercado interno, a ampliação da oferta de trabalho e o aprofundamento da revolução burguesa fora da esfera econômica seja amortecido ou deteriorado, conferindo à situação de dependência, sob muitos aspectos, a qualidade de equivalente funcional da relação neocolonial (só que estabelecida com referência a dois núcleos de poder externos conjugados: a grande corporação internacional e os Estados capitalistas centrais). Quinto, graças à diferenciação do sistema de produção, à industrialização maciça e ao crescimento súbito das forças produtivas, o regime de classes passa por três transformações concomitantes: aumenta em números e em diferenciação mais pronunciada das classes; entra, num período de tempo muito curto, na fase na qual os proletários se constituem como classe em si e começam a lutar por seu desenvolvimento independente como classe; deixa de operar segregadamente, como parte do universo urbano-industrial, atingindo com fluidez os que estão proletarizados e os que aguardam a proletarização em um imenso reservatório de trabalho, que constitui um exército de reserva *sui generis,* o que representa o início da quebra do isolamento entre os operários e o resto da população pobre, e maior fluidez, em escala nacional, dos conflitos de classe movidos pelo proletariado.

Esse quadro global ressalta que a vitalização da revolução burguesa em atraso trouxe muitas vantagens econômicas para a burguesia interna e também acarretou um aumento acentuado de sua força relativa como classe. Ela pode dispor, agora, de um sistema de produção mais avançado e conta com um potencial de defesa e de agressão que precisa ser medido não aqui, mas na órbita imperial. Todavia, os proletários e a massa da população pobre também tiveram algumas vantagens relativas. As mais importantes relacionam-se com a diferenciação do regime de classes, com o aparecimento de uma vanguarda operária e sindical mais organizada e mais disposta a dinamizar a luta de classes em termos proletários, e à incapacidade das classes dominantes (internas e externas, isto é, nacionais e estrangeiras) de ultrapassar a crise do poder burguês. Esta última consequência é deveras relevante. As classes burguesas lutam acirradamente, hoje, para remover a exacerbação ditatorial da situação contrarrevolucionária, porém quase sem êxito. O mais que conseguem é disfarçar o complexo institucional introduzido na República burguesa pela ditadura de classe e tentar diluí-lo em um sistema "constitucional" e "representativo" adaptado *à defesa do Estado,* isto é, pronto para conter e reprimir *"os de baixo".* O que isso significa? Certamente que a crise do poder burguês está presente e oscilante. As classes burguesas não podem fixar livremente suas vantagens econômicas e tampouco podem estabelecer os limites sociais e políticos ou graduar os ritmos da revolução nacional e da revolução democrática. Estas oscilaram *para baixo* e, se não estão sob controle dos proletários e do resto da população pobre, não podem ser determinadas independentemente do que estes setores da sociedade *estejam mal dispostos a tolerar.* Por conseguinte, a ditadura gerada pela crise do poder burguês não pôde sanar seus males de origem e nos deparamos com algo verdadeiramente extraordinário: uma situação histórica que possui duas vertentes, uma contrarrevolucionária e outra revolucionária. As forças burguesas oscilaram para a primeira vertente e não lograram, através dela, quebrar o impasse do poder burguês. Contudo, não se arriscam a fazer uma marcha a ré, por temerem os riscos inerentes a tal recomposição e por conhecerem que são débeis demais para desencadear aquelas transformações sociais e políticas da revolução burguesa que foram sufocadas ou restringidas drasticamente. Por sua vez, as forças proletárias e radical-populares não dispõem de meios para soltar as amarras da vertente revolucionária e os únicos grupos organizados que lutam a seu lado temem, por interesses de classe ou por inibição política, ir além do aprofundamento da revolução burguesa. Por isso, menos se batem *contra a ditadura*, que seria o caminho direto para levar a crise do poder burguês até o fundo, que por uma reconversão ao *Estado de direito,* sonhando com uma Assembleia Constituinte que – quem sabe? – para uns traria a revolução nacional e a revolução democrática de volta à cena histórica, cimentando os destinos da burguesia em bases sólidas; para outros poderia ser o embrião da presença crescente dos *de baixo* no controle popular do Estado burguês, abrindo perspectivas para um socialismo a partir do poder.

Nos dois extremos, à direita e à esquerda, prevalece uma interpretação cataclísmica diante de uma situação histórica tão peculiar. Uma, a "direita", se imobiliza porque não confia na massa do povo e se predispõe a defender soluções rígidas, que levariam a contrarrevolução ao fascismo. A outra, a "esquerda", não avança na defesa ativa das próprias posições porque dá à possibilidade do advento do fascismo o caráter de um fato inexorável. Teme, como se diz, "provocar o leão com vara curta" e prefere, por isso, colaborar com certos setores da burguesia em plena vigência de uma ditadura sustentada no poder civil e militar das classes burguesas e no que estas podem fazer para bloquear o desgaste de uma situação contrarrevolucionária que elas criaram com as próprias mãos. É neste impasse que se precisaria concentrar a análise. No momento atual, passar de uma contrarrevolução em desgaste e de uma ditadura questionada mesmo por seus próceres para o fascismo seria não uma prova de desespero, mas uma prova de força. De onde tirar a base econômica e social de poder real para realizar tal proeza? Possui a articulação de forças capitalistas, que ainda sustentam a República burguesa autocrática, necessidade ou interesse em aumentar a pressão da caldeira? Ou, quando menos, possuem os setores decisivos da burguesia financeira e tecnocrática, cujo peso maior está nas grandes empresas e nas empresas "multinacionais", alguma vantagem em se lançar em tal aventura simplesmente para tolher uma recomposição do poder burguês? É evidente que os dados de fato estão sendo falseados por um espírito de docilidade que nasce de um pânico simulado. O risco que as esquerdas enfrentam, *atualmente,* não é o de um fascismo iminente, é o de uma saída pelo centro das forças sociais da burguesia. Esta não pode, mesmo que queira, colher as maçãs com uma mão e cortar a macieira com a outra. A revolução burguesa *foi de fato* aprofundada na esfera econômica. Agora, ela terá de ser aprofundada em outras esferas, na social, na cultural e na política, queiram ou não as elites dirigentes das classes dominantes e seja ou não da conveniência de determinados segmentos capitalistas, nacionais e estrangeiros. O que as classes dominantes podem fazer *é ganhar tempo,* reduzir os ritmos e a intensidade da transformação da ordem social competitiva. Devem começar uma aprendizagem, que as classes burguesas realizaram em outras partes com maior rapidez, sobre o sentido de palavras e de práticas como "consentimento", "anuência", "tolerância" "liberdade", "cooperação", "consensos" etc.; e deixar de sabotar ou de travar mudanças revolucionárias dentro da ordem que elas combateram com tanta tenacidade até hoje. É esta perspectiva política que deve preocupar os que atacam o capitalismo e não as burguesias, os que não querem só o "aperfeiçoamento da ordem", mas a destruição da ordem existente. Isto quer dizer que os socialistas revolucionários e os comunistas têm de realizar uma gravitação que os coloque *adiante* (e não *atrás)* das transformações histórico-sociais em processo e da relação que as forças burguesas mais avançadas procurarão desenvolver com a sociedade global através delas. Só assim eles poderão evitar o "jogo do adversário" e, o que é mais decisivo, agir com uma racionalidade revolucionária proletária, que, além de sóbria e ponderada, precisa ser firme e persistente.

O que está em questão é, pois, algo muito complexo. Até há pouco tempo, partidos que se tinham como socialistas revolucionários e comunistas *podiam imaginar-se como uma vanguarda proletária.* O proletariado, em constituição incipiente, não possuía uma autêntica vanguarda de classe e a existência de palavras de ordem "revolucionárias", de teor inconformista, reformista ou socialista, dependia da simulação de uma vanguarda política atuante. Nos últimos trinta anos (e especialmente depois de uma industrialização maciça com uma tecnologia avançada e intensiva no uso do capital), a formação da classe se adiantou muito e os que defendem posições típicas do socialismo revolucionário e do comunismo *precisam colocar-se* na situação de classe dos proletários e caminhar por dentro da classe para *fazer parte* de sua vanguarda. Trata-se de uma proletarização de partidos que antes *só podiam ser operários de nome,* embora fossem revolucionários de fato e de direito, por defenderem e propagarem doutrinas revolucionárias e por correrem todos os riscos que isso acarretava. A primeira consequência dessa transformação, que os socialistas revolucionários e os comunistas não podem ignorar ou repelir (isso significaria uma marginalização no processo histórico), aparece no emprego correto da ótica do socialismo revolucionário e do comunismo. A lua de mel com a burguesia, com o nacionalismo burguês, com o radicalismo burguês ou com o que se queira *está acabada,* chegou a seu termo! Não se trata de sair dando coices, chifradas ou marradas, de ficar na ilusão ingênua do "quanto pior melhor". Mas de estabelecer, como parte da vanguarda da classe operária, como esta deve manejar a luta de classes com objetivos políticos bem marcados, de curto, médio e longo prazos, e para impedir que os antagonismos existentes só produzam dividendos políticos para as classes dominantes. Desse ângulo, os socialistas revolucionários e os comunistas estarão cumprindo tarefas revolucionárias essenciais. Procurarão pôr sua experiência e sua visão dos processos a serviço dos proletários, favorecendo a sua socialização política revolucionária no dia a dia da luta de classes, a constituição de quadros treinados e o crescimento seletivo da própria vanguarda da classe. Em suma, estarão convertendo os seus partidos em partidos proletários por sua composição, por sua orientação e por sua prática cotidiana. Ao mesmo tempo, procurarão reeducar-se e ressocializar-se: seria funesto que não ocorresse uma proletarização da consciência social dos revolucionários militantes e dos partidos revolucionários. Aí a dialética *de quem educa quem?* possui duas mãos. Mesmo que o revolucionário possua uma origem operária e uma ampla experiência proletária prévia, ele *precisa ser moldado pela classe* – não a classe por ele! Caso contrário, a partir de certo ponto, o proletariado caminhará numa direção e o que deveria ser o partido da revolução proletária caminhará em outra, cavando-se um fosso fatal entre ambos. Além disso, se tal condição não se realizar, o partido proletário não poderá colocar-se momentaneamente contra a classe, se as circunstâncias o exigirem, sem perder sua confiança e sem comprometer sua base social de poder real, que lhe permite agir tática e estrategicamente como *a vanguarda política da vanguarda da classe na luta pela revolução.*

Estas reflexões respondem a certas exigências imediatas. Seria preciso levar em conta, também, o que alguns entendem serem "os caminhos da revolução proletária". Todas as revoluções proletárias deste século, com a exceção da revolução cubana, tiveram um período de incubação de vinte a trinta anos (ou mais) e foram favorecidas, na fase de apogeu, por comoções de âmbito mundial do capitalismo. Seria uma típica manifestação de extremismo infantil pretender aproveitar nem uma coisa nem outra da situação histórica brasileira para precipitar a vertente revolucionária *sem qualquer consolidação prévia* das posições revolucionárias do proletariado. Se um acontecimento imprevisto desencadeasse aquela vertente, os partidos revolucionários fugiriam à sua responsabilidade se não procurassem aproveitá-la, indo na medida do possível à luta pelo poder. Contudo, apesar da crise atual, enfrentada em escala mundial pelo capitalismo, esse *se* ainda não se configurou como uma possibilidade à vista. O que resta, pois, é encarar francamente a rota mais difícil, em função das responsabilidades que um partido revolucionário do proletariado deve enfrentar nas condições presentes da sociedade brasileira. Esse partido, queira ou não, terá de delimitar suas atividades concretas tendo em vista a natureza e o volume das tarefas políticas que o proletariado poderá desempenhar, em curto e em médio prazos, em seus confrontos políticos com as classes dominantes. Por princípio, sua estratégia será a de converter a "guerra civil oculta" em "guerra civil aberta", tão depressa quanto isso for possível. Na prática, porém, deverá combinar várias táticas de luta, que unam entre si as reivindicações concretas e os pequenos combates com o fortalecimento de uma consciência de classe revolucionária e uma disposição de luta inabalável. Este ponto não pode ser subestimado. Um proletariado de formação tão recente e tão heterogênea já ganha uma grande vitória quando defende a solidariedade proletária acima de qualquer outra coisa, como sucedeu na greve do ano passado no ABC. É algo mais delicado e difícil formar uma consciência proletária revolucionária e uma firme disposição de luta, mantê-las acesa sob o sutil cerco capitalista, que congrega *todas* as instituições-chave da sociedade, e impedir que elas não se deteriorem no dia a dia dos embates imediatistas e durante o tempo de espera. O partido revolucionário terá de desempenhar essa função criadora, ligando entre si a estratégia global do movimento proletário com as múltiplas táticas aparentemente exclusivas ou dispersivas vinculadas ao emprego, à situação de trabalho, aos comitês de fábrica ou de greve, à proliferação de conselhos operários e populares, às reuniões nos sindicatos e nas comunidades locais, à agitação em meios não proletários, e assim por diante. O espírito revolucionário e o objetivo revolucionário precedem o aparecimento da situação revolucionária e são eles que decidem se o "elemento subjetivo" estará presente quando *surgir a oportunidade*. É claro que a relação de forças é decisiva, mas a oportunidade pode ser perdida se a classe e o partido não estiverem prontos para agarrar a oportunidade pelo cabelo.

Qualquer que seja a impaciência dos revolucionários ou de uma vanguarda de classe proletária extremamente consciente, eles podem preparar-se para a revolução, mas não podem forjar ao bel-prazer a situação histórica revolucionária. Esta transcende a vontade dos agentes e depende de uma evolução extremamente complexa. Por essa razão, Lenin afirmou que não se faz revolução por encomenda. Ao que parece, *a evolução da revolução proletária* no Brasil parece subordinar-se a numerosos fatores que não permitem vaticinar um caminho nem muito fácil nem muito rápido para a revolução. Em vista das condições continentais da sociedade brasileira, do modo em que se manifesta na atualidade o desenvolvimento desigual e combinado, do tamanho da população e da diferenciação regional da economia, da variação regional do regime de classes e em diversas zonas de uma mesma região, das circularidades que pesam sobre a revolução burguesa e seu forte resíduo reacionário, do estado permanente de "guerra fria" dos países capitalistas e de sua superpotência, ativado por seu temor de uma "desestabilização" iminente, de uma nação periférica tão estratégica para eles, da necessidade inexorável de passar de um baixo para um alto potencial político de mobilização da luta de classes pelos proletários e seus aliados, da necessidade também inexorável de modificar e aperfeiçoar os principais meios de luta organizada do proletariado – os sindicatos e os partidos – e de infundir-lhes um mínimo de capacidade de atuação conjunta e de irredutibilidade revolucionária, de produzir novos conhecimentos teóricos sobre as vias concretas da revolução proletária no Brasil e prognósticos seguros sobre a alteração das relações de forças, dadas certas variações de conjuntura e de médio prazo, internas e externas, da descoberta das técnicas revolucionárias que permitirão, nas condições brasileiras, acelerar a evolução da situação histórica revolucionária etc., a previsão mais otimista terá de levar em conta mais ou menos duas décadas, isso se as forças da esquerda deixarem de digladiar-se entre si e tomarem uma atitude mais madura quanto a *quem é o inimigo principal*, a quem devem combater em primeiro lugar. Portanto, um partido empenhado em programar as suas atividades *como um meio de luta do proletariado* deve preparar-se para uma fase relativamente longa de "guerra civil oculta" (embora duas décadas aproximadamente não sejam nada na duração histórica), o que permite um cálculo político de que terá tempo (mais ou menos a metade do tempo indicado) para realizar sua aprendizagem, acumular forças e ganhar base social, produzir conhecimentos teóricos de agitação, propaganda e de luta (inclusive à mão armada), para *estar pronto e com probabilidades* de aproveitar a situação revolucionária, se ela aparecer, ou de ajudar a criá-la, a partir de uma fase mais avançada da "guerra civil oculta", se a história exigir empurrões decisivos e o proletariado, um parteiro.

Tal cálculo político é feito com base na "experiência anterior", ou seja, levando em conta evoluções transcorridas em determinados países, vistas através da dinâmica da sociedade de classes no Brasil e na América Latina. Ainda não se possui uma experiência (ou probabilidade de previsão) diversa. Assim, é impossível antecipar-se qual vai ser o poder de desagregação dos países em transição para o socialismo depois que eles encontrarem as bases para uma coexistência internacional homogênea e cooperativa – e, principalmente, depois que eles atravessarem a *fase dura da transição*, que assustou os setores não revolucionários do proletariado no Ocidente e as classes médias, em particular. Hoje o "cerco capitalista" tem força relativa suficiente para desgastar os regimes socialistas em formação e em expansão, para criar tensões entre esses regimes e, inclusive, para deformar seriamente o desenvolvimento socialista, aumentando desproporcionalmente os investimentos não produtivos e diminuindo sensivelmente os ritmos da construção do socialismo. Ora, é provável que em médio prazo (aproximadamente, um quartel de século ou, no máximo, meio século) essa relação será invertida a favor dos regimes socialistas. O desgaste caminhará, então, no sentido inverso.

Pode-se pensar que à atual rigidez autodefensiva do capitalismo se seguirá uma curta fase de exacerbação da contrarrevolução e, em seguida, por falta de base social para converter a defesa ativa em ataque e em capacidade de autossustentação, a pulverização. O modo pelo qual os Estados Unidos reagiram à derrota no Vietnã fornece pistas psicossociais e políticas conclusivas. O desmoronamento, lento no início e rápido logo depois, será praticamente inevitável. Se esse for o caso, a revolução proletária no Brasil se beneficiará de fatores externos que ainda se constituem nas correntes da história mundial do presente. Contudo, é preciso responder às exigências da situação histórica *atual*, fornecer ao proletariado neste momento, em que ele ergue coletivamente a sua cabeça, novas possibilidades de travar suas pequenas e grandes batalhas. Por isso, deve-se seguir a rota batida, ainda que as esperanças possam ser maiores que as nossas realidades.

Um partido desse porte terá de perder a obsessão pela legalidade. O essencial não é a legalidade, mas o produto da atividade de tal partido na realização das tarefas revolucionárias do proletariado. Ele deve, naturalmente, bater-se pela legalidade, mas essa nunca poderia nem deveria ser sua preocupação primordial e principal. Os seus membros em particular – os seus quadros – terão de entender que a opção pelo partido constitui uma ruptura com a ordem (esta não deve consumar-se só com a vitória da revolução, mas muito antes: todo militante tem de saber que, ao inscrever-se em um partido desses, rompe praticamente com a ordem e perde todas as suas garantias ou compensações). Isso não quer dizer que devam forjar um clima de pré-revolução neurótico. Ao contrário, devem estar prontos para defender o direito à revolução, usado pela burguesia e, mais tarde, proscrito por ela. A imposição da "ilegalidade" às atividades revolucionárias e de subversão violenta da ordem foi um dos primeiros atos do terrorismo burguês na Europa. Essa forma de opressão precisa ser combatida, porém não à custa das próprias tarefas históricas e políticas de um partido proletário que se pretenda revolucionário. Ele deve, no mínimo, estar permanentemente preparado para realizar aquelas tarefas em duas frentes simultâneas, a legal, se existir, e a "ilegal", se não houver outro remédio. O grande dilema desta situação está em duas tendências que ela engendra. A "concessão da legalidade" constitui uma autorização para funcionar nos limites da ordem e para ser punido nas "transgressões". Ela implica uma tendência à domesticação política e à social-democratização, que deve ser repelida (ou o partido só será revolucionário na intenção e de nome). A outra está na redução drástica do espaço político para a ação revolucionária. Essa tendência vai tão longe que às vezes até a educação das bases e dos quadros no conhecimento da teoria socialista revolucionária e do comunismo, bem como dos clássicos da teoria revolucionária, é negligenciada ou evitada, largada, por assim dizer, pelo partido ao azar das circunstâncias. Essa tendência tem de ser combatida com persistência e cuidado, ao mesmo tempo que se deve procurar as formas viáveis (elas sempre existem, por perigosas ou difíceis que sejam!) de compensação clandestina dessa desvantagem.

Com esta formulação, irão dizer-me, o que se descreve é o grande partido revolucionário de massas, uma "repetição" e um "sonho". Ora, o grande partido também é o pequeno partido dos revolucionários "profissionais". E ele nunca é *tão grande,* quanto ao número de militantes, uma proporção pequena da vanguarda operária. A sua irradiação e o seu potencial de luta política *é de massas.* Não poderia ser diferente. Porém, o seu núcleo organizado permanente tem de ser o de um partido que possa desenvolver simultaneamente tarefas políticas revolucionárias de curto, médio e longo prazos, dentro da ordem e contra ela, e que precisa prever o desdobramento da luta política "por outros meios". Estar preparado para passar da "guerra civil oculta" para a "guerra civil aberta" é algo que exige mais que verborragia revolucionária e obreirismo compensatório. Se é preciso "repetir" os exemplos do que ocorreu na Rússia ou na China (e quem poderá dizer que o exemplo do Vietnã está fora de cogitação?), paciência! Deve-se, apenas, fazer o possível para "repetir" com igual valor. Não há outra saída no Brasil, dadas as proporções da nação e das tarefas políticas a serem executadas. Quanto ao "sonho", o que se deve dizer é que sem sonhos políticos realistas não existem nem pensamento revolucionário nem ação revolucionária. Os que "não sonham" estão engajados na defesa passiva da ordem capitalista ou na contrarrevolução prolongada. Na verdade, estes não podem sonhar, pois só têm pesadelos... Falando sério, a dimensão utópica do socialismo revolucionário e do comunismo suplanta todos os sonhos e fantasias que se possa ter, dormindo ou acordado. Um partido que não souber converter em realidade essa dimensão utópica jamais poderá propor-se à condição de vanguarda política do proletariado e de meio válido da revolução proletária.

Outro questionamento que se costuma fazer consiste em perguntar: por que pensar em um caminho tão difícil e prolongado, quando se tem pela frente uma burguesia débil, como alguns dizem, "lumpemproletária"? Não seria exagero erguer contra ela um partido revolucionário preparado para os mais duros e ásperos combates? Penso que este assunto não envolve uma *questão de opinião,* envolve uma *questão de fato!* Em alguns países mais desenvolvidos da América Latina, essa burguesia mostrou-se capaz pelo menos de praticar muito bem a sua autodefesa e de procurar uma sólida proteção no imperialismo. Uma classe dominante com posições de interesse internacionalizadas não pode ser medida nacionalmente mas na escala mundial, para a qual ela avançou historicamente através da incorporação e da contrarrevolução prolongada. Portanto, deve-se levar em conta a *via cubana, a via chilena* e a *via nicaraguense,* pois nelas e através delas pode-se aprender muitas coisas, inclusive porque um país das proporções, do desenvolvimento relativo e com uma burguesia tão hábil em defender seu monopólio do poder, como o Brasil, necessita de um partido proletário de porte para ir à revolução anticapitalista e anti-imperialista. O mais importante para nós, na *via cubana*, não está na guerrilha, mas no modo pelo qual os guerrilheiros conquistaram o apoio dos camponeses e dos proletários agrícolas para a revolução. Um partido revolucionário de grande porte terá de chegar ao exército do povo e à guerrilha quando a guerra civil tornar-se uma guerra civil a quente, de escala nacional. Dar prioridade à guerrilha seria quando menos infantil, desde que as revoluções proletárias não se repetem enquanto história, mas em suas estruturas, no que elas possuem em comum graças à luta de classes. Ignorou-se esse lado, porque não se pensou a sério na revolução. Ainda no fim deste século (e quanto mais hoje) a conquista e o apoio dos camponeses e dos semicamponeses espalhados por todo o país é crucial. Sem eles, uma revolução proletária não teria viabilidade, porque as forças nacionais e externas da contrarrevolução fragmentariam o país e poderiam, bem conduzidas, isolar os focos revolucionários vitoriosos, não dando tempo para que a própria revolução chegasse à conquista do poder e ao escalonamento das batalhas decisivas. Quanto *à via chilena* – ao lado de outras coisas que não vêm ao caso debater aqui – é preciso reconhecer que ela não era má em si mesma. O que ela foi é prematura. Ela exigia um avanço e um peso maiores dos regimes socialistas no equilíbrio mundial do poder. Somente isto poderia impedir que os capitalistas não ousassem e, se ousassem, ousariam para ser batidos militar e politicamente. Como essa condição histórica não se realizava, a burguesia nacional e as nações capitalistas centrais, com a superpotência à frente, aproveitaram os erros cometidos como se apenas colhessem frutos maduros. A *via nicaraguense*, por sua vez, comprovou a sua eficácia. Mas ela cai na categoria de experiência anterior, só que sem possuir as vantagens relativas que favoreceram os guerrilheiros cubanos. A sua importância está na demonstração de que hoje há um espaço comum a ser explorado por todas as forças sociais que combatem as iniquidades das ditaduras de classe e do imperialismo na América Latina. E que esse espaço conduz a uma redefinição histórica da relação da burguesia radicalizada e da esquerda unificada com a transformação da ordem. Não é axiomático que se possa montar no Brasil tal saída e que ela seria o ponto de referência obrigatório do pensamento revolucionário. Ao revés, o que a experiência da Nicarágua prova é que a ausência de um partido revolucionário proletário, solidamente apoiado nas massas, constitui uma vantagem para os setores revolucionários que se limitam a defender a *reforma do capitalismo* e gera um tempo de espera que é altamente favorável às manobras diretas e indiretas do imperialismo, quando ele se manifesta dentro da área com ânimo colonial, como fazem os Estados Unidos. Ainda aqui, evidencia-se o drama latino-americano crônico: as situações revolucionárias configuram-se sem que existam forças organizadas para conduzir à revolução. A única exceção, até hoje, é a de Cuba. Para impedir essa cronicidade, tão vantajosa à contrarrevolução capitalista, devemos lutar para que o proletariado tenha pelo menos as mesmas possibilidades de aproveitar as oportunidades históricas que a burguesia. Por essa razão, cumpre estudar essas revoluções, vitoriosas ou frustradas, mas para aprender e ir além – não para manter o pensamento e a ação revolucionária dentro de círculos que não se abrem para *o nosso futuro,* pois dizem respeito a uma órbita histórica que não coincide com a órbita histórica do desenvolvimento do capitalismo dependente, do regime de classes e do Estado burguês no Brasil.

Indicações para leitura

Este pequeno livro não pretende ser um equivalente doutrinário sintético do *ABC do Comunismo*. É uma tentativa de colocar em termos elementares as bases de uma reflexão política sobre a revolução proletária concebida como uma atividade coletiva do proletariado.

Uma bibliografia, neste caso, deveria abranger *tudo o que ficou ignorado,* o que criaria um fardo negativo ou demasiado pesado para o leitor comum. No decorrer da exposição foi mencionado um ou outro livro, uma ou outra leitura. Recomendaria ao leitor que aproveitasse as pistas indicadas, especialmente que lesse o livro de Victor Serge e completasse esta experiência com o estudo do livro de L. Trotski sobre a Revolução Russa.

Dentro da linha expositiva adotada, faria fincapé nas obras de Karl Marx e Friedrich Engels. O leitor poderia tomar a coletânea publicada por Edições Sociais, sob o título de *TEXTOS (São Paulo,* 1975, 1976 e 1977) e lançar-se avidamente sobre alguns trabalhos. Um primeiro grupo de leituras deveria abranger o *Manifesto do Partido Comunista* (vol. 3, p. 7-51), a "Mensagem do Comitê Central à Liga dos Comunistas" (idem, p. 83-92) e o ensaio clássico de Engels, intitulado *Do Socialismo Utópico ao Socialismo Científico* (vol. 1, p. 5-60). O segundo grupo de leituras deveria ser dedicado a um exercício que faz falta mesmo a marxistas treinados, seja como "profissionais da revolução", seja como teóricos do "modo de produção": os ensaios devotados à explicação das revoluções do século XIX. Seria bom começar com *A Guerra Civil na França* (vol. 1, p. 155-219), passar por *As Lutas de Classes na França de 1848 a 1850* (vol. 3, p. 93-198) e por *O Dezoito Brumário de Luís Bonaparte* (idem, p. 199-285), completando pelo famoso estudo de F. Engels *As Guerras Camponesas na Alemanha* (São Paulo, Editorial Grijalbo, 1977). Essa soma de leituras permitirá chegar à "natureza íntima" da revolução proletária – como ela nasce, se desenvolve e poderá atingir seu apogeu na sociedade capitalista. Com a vantagem de tomar-se, em profundidade, a relação do proletariado tanto com a revolução burguesa em ascensão, quanto com o "terrorismo burguês" e a reação do capital.

Para ampliar o horizonte político do leitor e saturá-lo com os temas que dizem respeito à crítica marxista do "oportunismo", do "gradualismo" e do "reformismo" e, ao mesmo tempo, às vias concretas da revolução, indicaria cinco leituras fundamentais. Primeiro, um brilhante ensaio de Rosa Luxemburgo, contido em *Reforma ou Revolução?* (São Paulo, Editora Flama, 1946, p. 9-96) e o pequeno livro doutrinário de Karl Kautski, *O Caminho do Poder* (São Paulo, Editora Hucitec, 1979). Trata-se do verdadeiro debate marxista: o que deve prevalecer – a conciliação ou a luta de classes, voltada para a conquista do poder pelas classes trabalhadoras? Segundo, pelo menos três obras importantes de Lenin, *Que Fazer?* (São Paulo, Editora Hucitec 1978), *A Revolução Proletária e o Renegado Kautski* (São Paulo, Gráfico-Editora Unitas Ltda., 1934) e *A Doença Infantil do Esquerdismo no Comunismo* (Vitória, 1946). Estas leituras permitem ir dos "casos clássicos" para os "elos débeis" e salientam a necessidade de *não dogmatizar* a via revolucionária. O capitalismo e o imperialismo geram o "desenvolvimento desigual" e "combinado", ou seja, uma via difícil que torna a necessidade do socialismo ainda mais imperiosa na "parte atrasada" do mundo capitalista. Terceiro, embora tenha ficado de lado a questão da "técnica revolucionária", seria útil pelo menos introduzir uma leitura sobre o assunto. O pequeno livro de Victor Serge, *Lo que todo revolucionario debe saber sobre la represión* [O que todo revolucionário deve saber sobre a repressão] (México, Ediciones Era, 1972; a edição original é de 1925) parece muito apropriado. Os que pensam que "a revolução se tornou impossível" por causa da repressão terão de mudar de ideia. Toda revolução precisa criar seu *espaço político próprio,* o que é um desafio especial no que respeita à revolução proletária, que só se desencadeia e deslancha após a conquista do poder (e não antes). Por isso, enfrentar e vencer o terrorismo de Estado nunca é fácil, esteja-se na Rússia tsarista ou em países da América Latina da época atual.

O "grande debate", para muitos, está na inviabilidade da revolução proletária sob o capitalismo financeiro e imperialista. Parece, a muitos, que o Estado capitalista abre-se para baixo e resolve pelo menos os problemas e as necessidades centrais da massa da população trabalhadora. Além disso, esse capitalismo teria criado um Estado democrático que permitiria uma cultura cívica acessível não só à participação operária mas, ainda, a um amplo controle do poder político estatal pela "maioria". A vasta gama de assuntos pode ser apreciada em André Gorz, *Estratégia Operária e Neocapitalismo* (Rio de Janeiro, Zahar Editores, 1968, esp. p. 9-25) e, de uma forma mais refinadamente doutrinária, em Norberto Bobbio e outros, *O Marxismo e o Estado* (Rio de Janeiro, Graal, 1979) e em *Eurocomunismo e Estado,* de Santiago Carrillo (Rio de Janeiro – São Paulo, DIFEL, 1978). No livro organizado em função de Bobbio aparece, aqui e ali, uma defesa coerente da "tradição" marxista. No entanto, convém tomar uma posição de luta intransigente, que defenda uma postura verdadeiramente revolucionária dentro do marxismo. Dois livros respondem, de forma diferente, a essa necessidade: Étienne Balibar, *Sobre La Dictadura del Proletariado* (México, Siglo Veintiuno Editores, 1977) e Ernest Mandel, *Crítica do Eurocomunismo* (Lisboa, Antídoto, 1978). Os dois livros são igualmente esclarecedores. O primeiro revitaliza a versão marxista-leninista da revolução; o segundo realiza uma excursão complexa sobre as várias vias da *social-democratização do comunismo*. Por isso, tornam-se tão importantes para os que não veem outra saída para a crise do capitalismo que a indicada por Marx e Engels no *Manifesto*.

Quanto à América Latina e ao Brasil, apresento uma extensa bibliografia em *A Revolução Burguesa no Brasil* (Rio de Janeiro, Zahar Editores, 1975). Há evidente interesse, por exemplo, em se aproveitar ensaios como os de Manuel Castells,

Ruy Mauro Marini ou Carlos Altamirano sobre a revolução chilena. Todavia, até o presente, apenas Cuba logrou romper o rosário das pseudorrevoluções e das revoluções "interrompidas" das classes dominantes. Por isso, o caso da Revolução Cubana merece atenção especial do leitor. Como ponto de partida, poderia usar o meu pequeno livro *Da Guerrilha ao Socialismo: A Revolução Cubana* (São Paulo, T. A. Queiroz, Editor, 1979). O capítulo III, especialmente, oferece uma boa base factual e interpretativa para a comparação de Cuba com outros países da América Latina e para se entender como os guerrilheiros foram beneficiados e souberam aproveitar uma situação revolucionária que se constituiu e se agravou ao longo de uma larga evolução histórica. A bibliografia concatenada no fim do livro deve ser aproveitada seletivamente pelo leitor. Como se trata de uma combinação singular de situação revolucionária e revolução, recomendo insistentemente a todos os que queiram aprofundar seu conhecimento sobre as revoluções proletárias de nossa época que leiam com cuidado (e que releiam) as principais obras sobre a Revolução Cubana.